Das Gesetz des Einen leben

Das 1x1: Die Wahl (Teil II)

von Carla Lisbeth Rückert

Übersetzung: Jochen Blumenthal

Das Gesetz des Einen leben,
Das 1x1: Die Wahl (Teil II)

ISBN 978-3-945871-11-9

© 2018 *Das Gesetz des Einen*-Verlag (Deutschland) in
Kooperation mit L/L Research (Louisville, Kentucky)

Englischer Originaltitel: *Living the Law of One, 101: The Choice*
(Carla L. Rueckert, L/L Research)

Deutsche Übersetzung: Jochen Blumenthal

Cover-Illustration: Michaele Matossian, www.lightweaver.com,
bearbeitet von David Joshua Hamacek

Inhalt

Vorwort zum 2. Teil

Liebe Leserin, lieber Leser,

mit diesem 2. Teil von „Die Wahl" dringen wir tiefer in Carla Rückerts Besprechung des Energiekörpers vor, wie er von spirituell Suchenden für die metaphysische – oder spirituelle – Arbeit genutzt wird. In der Hauptsache frei fließend sollte der Zustand unseres Energiesystems sein; das betont Carla immer wieder, vor allem dann, wenn sie umfassend „Lektionen" und Umstände beschreibt, die in den verschiedenen Chakren oder Strahlen auf uns zukommen können. Vielleicht auch aus diesem Grund schreibt sie frei heraus, und von der Leber weg, anhand ihrer eigenen Lebenserfahrungen, wie die Dinge aus ihrer Sicht liegen. Hinsichtlich was? Der Arbeit einer spirituell erwachten, entschlossenen Person mit diesen durchaus basalen und manchmal völlig „materiellen" Themen.

Carla Rückert greift solche Themen in diesem 2. Teil von *Das Gesetz des Einen leben* auf, ohne dabei ein Blatt vor den Mund zu nehmen. Offen schreibt sie über Sexualität, missbräuchliche Beziehungsmuster und andere starke Ungleichgewichte, die sie selbst erlebt hat und immer noch eine gesellschaftliche Realität sind. Wie jedoch ein gesundes Gleichgewicht in den Themen dieser ersten Energiezentren aussehen kann, liegt wie immer im Zentrum von Carlas Betrachtungen, die dafür auf die Botschaften des *Bündnisses der Planeten* zurückgreift. Vor allem die Q'uo-Gruppe, welche seit 1986 von L/L Research empfangen wird, kommt oft zu Wort, mit ihren sachlich und neutral anmutenden Beschreibungen ewiger Wahrheiten.

Carlas Lebenswerk lebt durch ihre gemeinnützige Organisation L/L Research weiter fort. Ihre Werke und viele weitere Ressourcen für spirituelle Suchende stehen in elektronischer Form auch kostenlos auf www.llresearch.org zur Verfügung.

In Liebe und Licht,
Jochen Blumenthal
Das Gesetz des Einen-Verlag

Eine kurze Zusammenfassung von Teil I

Das Gesetz des Einen leben, Das 1x1: Die Wahl ist Carla Rückerts persönliche Einführung in die Philosophie des Bündnisses der Planeten, insbesondere wie sie im Ra-Kontakt gegeben wurde.[1] Im ersten Teil von „Die Wahl" schildert sie, wie L/L Research durch die Vorarbeiten von Don Elkins entstand, der im Rahmen seiner Paranormalitätsforschung auf UFO-Kontakte aufmerksam wurde.

Elkins besuchte UFO-Kontaktierte aus einem wissenschaftlichen Interesse heraus und verfolgte die Möglichkeit einer telepathischen Kommunikation mit außerirdischen Wesen, nachdem er durch Berichte und persönliche Schilderungen die Überzeugung gewonnen hatte, hier auf ein wirklich ungewöhnliches Phänomen zu stoßen. In den Versuchsgruppen, die erst selbst initiierte, entwickelte sich eine Methodik, um den Kontakt mit den Bevölkerungen aufzunehmen, die in UFO-Sichtungen wahrgenommen wurden.

Von 1972 an channelte Carla Rückert selbst in den Meditations- und Studiengruppen von L/L Research und von diesem Zeitpunkt an bis heute existieren Aufnahmen und Abschriften von mehr als 1.500 Sitzungen, in denen diese Methodik der telepathischen Kontaktaufnahme, vor allem von Carla Rückert, weiterentwickelt und verfeinert wurde.

Der Ra-Kontakt markiert einen gewissen Wendepunkt in L/L Researchs Geschichte. Einerseits handelte es sich bei diesem Kontakt um einen „schmalbandigen" Kontakt mit einer sechste Dichte-Bevölkerung, den Carla als einziges Instrument in einem tieferen Trance-Zustand empfing. Andererseits endete der Ra-Kontakt 1984 mit dem tragischen Tod von Don Elkins, dessen psychische Gesundheit ab 1983 rapide abnahm.

Es ist mit rund 25 Jahren Rückblick auf diese spezielle Phase der Arbeit von L/L Research, aber auch im Rückblick der gesamten,

---

[1] Die Wesen von Ra haben in ihrem Kontakt mit L/L Research (1981-1984) den Begriff „Gesetz des Einen" erst maßgeblich geprägt.

herausfordernden Lebenserfahrung von Carla Rückert, dass „Die Wahl" als praktische An- und Einleitung entstanden ist, welche die Philosophie des Ra- und des ganzen Bündniskontakts zusammenfasst und praktisch anwendbar erläutert.

In Teil I führt Carla Rückert daher zunächst in die Grundsätze des Bündnisses der Planeten ein und beschreibt die Kosmologie, wie sie in den vielen empfangenen Botschaften dargestellt wird. Demnach leben wir Menschen auf der Erde momentan in einer sogenannten „dritten Dichte" und befinden uns am Übergang in die vierte Dichte, dem „Neuen Zeitalter". Entscheidend für den persönlichen Eintritt in diese neue Dimension ist genau dies: Unsere Entscheidung, unsere Wahl eines Weges der spirituellen Suche. Und laut den Bündnisinformationen gibt es davon zwei: den positiven und den negativen Weg.

Carla Rückert vermittelt das Bild eines höherdimensionalen SPIELBRETTS im Gegensatz zum „weltlichen", flachen Spielbrett des täglichen, scheinbar unbedeutsamen Lebens. Jeder Moment besitzt jedoch die Kraft, die Kraft der Liebe, die in diesem jeweiligen Moment steckt, um unseren „spirituellen Motor" anzuwerfen und unseren Wagen auf unserer Reise der Bewusstseinsentwicklungen voranfahren zu lassen. Die Kraft dieser Liebe im Moment liegt in der ethischen Entscheidung, welche diese Situation bietet, für den positiven Dienst an Anderen, oder für den negativen Dienst am Selbst.

Wie diese Wege aussehen können, dafür gibt es bekannte Beispiele. Carla Rückert schildert die Biographien von positiv wirkenden Wesen wie Jesus, Peace Pilgrim und Martin Luther King, wie auch von Vertretern der anderen Seite wie Adolf Hitler, Idi Amin Dada Oumee und Dschingis Khan. Es ist unsere freie Entscheidung, welchen Weg wir wählen, oder ob wir noch länger keinen der Wege gehen. Für die Ernte auf Planet Erde, in eine positive vierte Dichte, ist der Abschluss durch die Wahl des positiven Weges die Voraussetzung.

Unsere Werkzeuge für die Arbeit, mit den Themen des weltlichen, körperlichen Lebens, und den höheren spirituellen Bereichen, liegen in unserem Energiekörper. Das Chakren-System hat vor allem durch Yoga und Reiki größere Bekanntheit erlangt. Die

Bündnisquellen haben ebenfalls seit vielen Jahrzehnten immer wieder auf die „Strahlen" Bezug genommen, die von rot bis violett durch das Farbspektrum gehen und als eine Beschreibung des Chakra-Systems verstanden werden können.

Carla Rückert führt im ersten Teil in die Funktionsweise unserer Energiekörper ein, insbesondere in das Bild der „Energiepipeline", in der Prana von Mutter Erde durch unsere Füße in unseren Energiekörper aufsteigt. Diese aufsteigende Energie durch geklärte, ausgeglichene Chakren nach oben steigen lassen zu können, ist das sich automatisch einstellende Ergebnis einer gesunden Spiritualität.

Wie dies zu bewerkstelligen, Strahl für Strahl, damit setzt Carla Rückert „Die Wahl" nun in Teil II fort, beginnend mit dem Energiezentrum des roten Strahls, welches auch als Wurzel- oder Muladhara-Chakra bezeichnet wird.

Kapitel 4

Das roter Strahl-Energiezentrum

Licht durch dich

> *Wir halten euch ein Leuchtfeuer hoch, und dieses Leuchtfeuer seid ihr selbst. Wir bitten euch, euch zum ersten Mal zu sehen, klar und deutlich. Licht strömt durch euch, nicht von euch. Zu sein, wer ihr seid, benötigt keine Bemühung. Es existiert nur die Entfernung von Blockaden aus diesem Lichtfluss.*[2]

Der Energiekörper ist dieser lebendige Regenbogen aus Energiezentren, die in einer Reihe in seiner Pipeline eingebettet sind, welche entlang unserer physischen Körper von der Basis unserer Wirbelsäule bis zur Kopfspitze verläuft. Liebe/Licht-Energie fließt in unendlichem Nachschub durch diese Energie-Pipeline und nährt unseren Energiekörper reichhaltig, so lange wir den Fluss an Vitalenergie nicht einengen oder blockieren.

Wir wollen unseren Energiekörpern helfen klar zu bleiben. Unsere Energiekörper werden als Ganzes sehr klar bleiben, wenn wir uns entspannt und sorglos bezüglich der Themen in unseren Leben fühlen. Selbst wenn eine erstaunliche Menge aus Auslösern vorbeifliegt, schlagen wir uns gut, energetisch gesprochen, wenn wir furchtlos und selbstsicher bleiben und in die letztliche Gutheit von allem, was geschieht, vertrauen können. Um ein SPIELER zu sein, ist es essenziell, diese Einstellung oder Sichtweise der Furchtlosigkeit zu wählen.

Es gibt solide Gründe dafür, diese Einstellung des Vertrauens, der Zuversichtlichkeit und des Glaubens zu wählen, dass alles gut ist. Wir werden diese Gründe in den weiteren Büchern dieser Reihe, *Das Gesetz des Einen leben – Die äußere Arbeit* und *Das Gesetz*

---

[2] Q'uo, gechannelt durch L/L Research in einer Sitzung vom 25. August 2006.

des Einen leben – Die innere Arbeit[3] erkunden. Für den Moment müssen wir nur wissen, dass es hilfreich ist, entspannt und selbstvertrauend zu sein, damit unsere Energie-Pipelines geöffnet bleiben können.

Unser Energiekörper ist nicht das Gleiche wie unser physischer Körper, auch wenn beide miteinander verbunden sind. Als SPIELENDE bleiben wir darauf konzentriert, wie wir den Energiekörper klar halten, und dass die Liebe/Licht-Energie durch die Chakren fließt, damit wir die Informationen erhalten, die wir benötigen, um den Abschluss in die nächste Dichtestufe zu machen. In *102*[4] werden wir Techniken besprechen, um mit den verschiedenen Arten von körperlichem und emotionalem Katalyst umzugehen, welche unsere Chakren in Energieaufwendungen einbinden. In *103*[5] werden wir besprechen, wie wir mit unseren Fähigkeiten des höheren Bewusstseins arbeiten, um Hilfe zur Verfügung zu haben, wenn wir mit diesen körperlichen und emotionalen Auslösern umgehen. Vorerst werden wir auf den grundsätzlichen Job konzentriert bleiben: die Pipeline des Energiekörpers offen und am Fließen zu halten.

Das erste „Learning" liegt einfach darin, eine hohe Priorität auf den Respekt für die Bedürfnisse unserer Energiekörper zu legen, vor allem für das Bedürfnis, sie frei von Blockaden und Einschnürung zu halten. Wir müssen nicht all unsere Probleme lösen, um den Abschluss zu schaffen. Wir müssen nur unsere Energiekörper ausreichend nicht-beengt halten, sodass wir die Unterstützung bekommen können, die wir benötigen, um gute ethische Entscheidungen zu treffen, wenn sie in unseren Leben auftauchen.

Natürlich sind wir ständig versucht, uns angesichts von Situationen und Unterhaltungen anzuspannen, während sie geschehen. Aber als SPIELENDE sind wir uns darüber bewusst, dass diese Spannung kein guter Zustand für unsere Energiekörper ist. Wir wissen, dass je mehr wir unsere Energiekörper offenhalten können, desto mehr

---

[3] Diese Titel konnte Carla L. Rückert vor ihrem Ableben leider nicht mehr fertigstellen.
[4] Carlas Arbeitstitel für „Die äußere Arbeit".
[5] Der Arbeitstitel für „Die innere Arbeit".

werden wir Zugang zu Bewusstsein und seiner Hilfe, uns selbst zu verstehen, haben.

Je klarer wir uns selbst als rein menschliche Persönlichkeiten verstehen, desto exakter können wir hereinkommende Situationen einschätzen und vernünftige Entscheidungen in Bezug darauf treffen, wie wir auf eine polarisierte Weise reagieren. Dieses Verständnis erfordert nicht von uns, dass wir uns verurteilen, wie ein Richter des Alten Testamentes es tun würde, durch Verdammung. Vielmehr fordert uns dieses Verständnis auf, uns selbst zu lieben und anzunehmen, wie wir sind.

Natürlich, wir sind alle daran interessiert, bessere Menschen zu werden. Wir wünschen uns Weiterentwicklung und dass wir uns verbessern. Der Vorgang, uns selbst besser zu verstehen, erfordert jedoch eine fortgesetzte Klärung unserer Energiezentren; zu einem solchen Grad, dass Licht, oder Liebe/Licht-Energie, durch die ersten drei Energiezentren und hoch in das Herz-Chakra hinein fließen kann.

Uns selbst genauso so, wie wir sind, von Moment zu Moment anzunehmen, ist deshalb der erste Schritt hin dazu, in der Lage zu sein, wie ein SPIELENDE des SPIELS zu denken. Uns selbst für selbst-wahrgenommene Fehler zu verurteilen, bedeutet unsere Energiekörper zusammenzuziehen und einzuschnüren. Uns selbst zu akzeptieren bedeutet, unsere Energiekörper zu entspannen, sodass das Licht durch diese drei ersten Chakren und ins Herz-Chakra fließen kann. Wir können unsere Fehler sehen und bestimmen, dass wir unsere Wahlentscheidungen das nächste Mal korrigieren, ohne uns selbst dafür zu verurteilen, dass wir diese Fehler dieses Mal gemacht haben.

Unsere Gefühle, gerade so, wie sie sind, verdienen Respekt. Oft ist unsere erste, reflexartige Reaktion auf eintreffende Auslöser jedoch durch unsere vorprägenden Erfahrungen verzerrt. Diese vorangegangenen Erfahrungen haben unsere Gewohnheiten zu reagieren allmählich geformt, bis wir sogar vergessen mögen, dass diese Reaktionen nicht notwendigerweise unsere jetzt bevorzugten Reaktionsweisen sind.

Folglich ist es eine gute Idee, unsere Gefühle zu überprüfen, wenn sie aufsteigen. Wir könnten herausfinden, dass wir unsere initialen Reaktionen gerne verändern würden, von den unbewussten und nicht auferweckten Reaktionen negativer Emotionen hin zu positiveren Entscheidungen, welche unseren Energiekörpern besser dienlich sind.

Ein kleines Beispiel dafür ist der Auslöser des „schlechten Vermieters". Ich hatte einen, vor einigen Jahren schon, und vielleicht hatten viele von Ihnen einen schlechten Vermieter an irgendeinem Punkt. Sagen wir, wir haben einen Vermieter, von dem wir eine Wohnung gemietet haben. Wir müssen mit diesem Mann oft umgehen und wir werden an all die Male erinnert, jedes Mal, wenn wir ihn sehen, die er uns beschummelt hat oder Reparaturen nicht wie versprochen erledigt.

Wir sind äußerlich vielleicht höflich zu ihm gewesen, aber haben uns selbst auch erlaubt, innerlich über ihn verärgert zu sein und gemeine Gedanken über ihn zu denken. Es scheint harmlos zu sein, diese Gedanken zu denken. Unser Energiekörper reagiert jedoch auf diese Gedanken, indem er sich zusammenschnürt und den Fluss an gesunder Energie durch die Chakra-Leitung verringert.

Vielleicht besprechen wir dies mit einem Freund oder Familienmitglied. Dann teilen wir unsere gemeinen Gedanken und während wir reden, schnürt sich unser Energiekörper weiter ein.

Als SPIELENDE wissen wir, dass unseren Geist auf diesen gemeinen Gedanken verweilen zu lassen, bedeutet, dass wir fortgesetzt eines oder mehrere unserer Energiezentren einschnüren. In diesem Fall des bösen Vermieters wären das zwei Zentren, der orange Strahl der Beziehungen und der gelbe Strahl juristischer und vertraglicher Beziehungen.

Dies zu wissen, lässt uns nicht automatisch die einschnürenden Gefühle von Zorn und Rache stoppen. Wir selbst sind die einzigen Vermittler, die diesen Vorgang unterbrechen und ihn durch eine neue Emotion ersetzen können.

Diese neue Gewohnheit ist, im Fall des bösen Vermieters, sich einfach zu erinnern, dass das Universum in seinem Wesen vereinend ist. Wir alle sind eins. Auf unseren Vermieter wütend zu sein, bedeutet auf einen erweiterten Teil von uns selbst wütend zu sein. Falls wir am Thema des bösen Vermieters arbeiten möchten, rät uns das Bündnis daher, dass wir diese Energie innerhalb unserer eigenen Wesensnaturen finden und innerlich daran arbeiten, in uns selbst.

Darüber nachzudenken, macht einen beim ersten Mal perplex. Wie finden wir den bösen Vermieter innerhalb unseres Selbst? Wir beschummeln keine Leute. Wir brechen nicht unser Wort. Wir erzählen nicht wissentlich eine Lüge. Doch in uns, sagt das Bündnis, liegt die vollständige Zusammenstellung aller Eigenschaften, sowohl positiver als auch negativer, die innerhalb des menschlichen Zustandes möglich sind. Wir sind wahrlich alle eins.

Wir und der böse Vermieter sind eins, und was in ihm ist, ist auch in uns. Wir entscheiden uns nur in unseren täglichen Leben nicht, diesen Teil unserer universellen Natur auszuleben. Dennoch ist er dort enthalten. Und die passende Kombination von Umständen könnte ihn auch in uns hervorbringen. Und so machen wir uns daran, diese Energie in uns selbst auszugleichen und anzunehmen.

Diese Verinnerlichung von spiritueller Arbeit ist eine sehr hilfreiche Disziplin für die Offenhaltung der Energie-Pipeline für den Fluss von Lichtenergie. Die mentale Übung, am bösen Vermieter in uns selbst zu arbeiten, ist eine Praxis, in der es kein Urteil gibt, denn jetzt schauen wir nur auf die Energie des Beschummelns und Lügens; der Essenz davon. Wir beschuldigen niemanden dafür, sondern sehen nur ihre Essenz.

Es gab eine Zeit, irgendwo in unserer vergangenen Geschichte, als wir zumindest versucht waren, zu betrügen oder zu lügen. Wir arbeiten, um das in uns selbst aufzufinden und bitten um die Heilung dieser Verzerrung. Nun haben wir auf den Auslöser des bösen Vermieters auf eine Weise reagiert, die unsere Energiekörper nicht zusammenschnürt oder uns in emotionaler Aufregung hält.

Wir werden die Angewohnheit von rücksichtslosen Gedanken nicht über Nacht ändern. Doch schon der ernsthafte, aber fehlerhafte Versuch, sich an die Einheit von uns und dem

Vermieter zu erinnern, auf der Ebene der Seele, entspannt unsere Energiekörper und lässt die Lichtenergie vorankommen durch unsere Energie-Pipelines oder Chakra-Körper und hoch durch das Herz: unser erstes Ziel.

Wir neigen dazu, Geschöpfe mit Gewohnheiten zu sein, und die Einschnürungen und Blockaden in unseren Energiekörpern wiederholen sich wahrscheinlich. Jedes Mal, beispielsweise, wenn wir den „bösen Vermieter" sehen, schnüren wir unsere Energiekörper mit unseren stürmischen Gedanken ein. Diese gewohnheitsmäßigen Gedanken, die dazu neigen, Energie zu blockieren, können als Süchte verstanden werden. Wir sind, zum Beispiel, nicht in der Lage, an diesen Vermieter zu denken, ohne dass wir uns über ihn aufregen. So wurden wir abhängig davon, aufgeregt zu sein und gemeine Gedanken zu denken.

Ken Keyes, dessen *Handbuch zu Höherem Bewusstsein*[6] gute Möglichkeiten anbietet, um mit unseren Gefühlen zu arbeiten, schlägt vor, dass unsere gewohnheitsmäßigen Reaktionen dazu tendieren, von Gewohnheiten und Vorlieben zu Süchten zu eskalieren. Der Weg zur Beendigung der suchthaften Gewohnheiten und Gedanken liegt darin, unsere Süchte zurück in Vorlieben herunterzustufen. In diesem Fall würden wir unsere Abhängigkeit von der Reaktion der Wut und Vergeltung herunterstufen zu der nicht-suchtartigen Reaktion, zu bevorzugen, diesen Vermieter nicht zu haben. Diese Präferenz erzeugt keine Wut oder den Wunsch nach Rache. Sie gibt uns ein Lächeln. Unsere Energieleitungen bleiben offen und wir gehen weiter.

Wir werden es immer wieder erleben, dass wir zurück in diese suchtartigen Verhaltensmuster fallen, auch nachdem wir sie identifiziert haben. Angewohnheiten werden nicht in einem Tag gemacht und werden nicht ohne Durchhaltevermögen gebrochen. Aber alles, was wir wissen müssen, um zu beginnen, das SPIEL in dieser Hinsicht gut zu spielen, ist, dass wir alle Einschnürungen unseres Energiekörpers ansprechen müssen, um sie zu klären und den Energiefluss durch die Pipeline wiederherzustellen.

---

[6] Ken Keyes, *Handbook to Higher Consciousness*, Berkeley, CA, Living Love Center, 1973.

Allgemein gesprochen können wir die Auswirkungen früherer Erfahrungen auf unser Urteilsvermögen ins Gleichgewicht bringen, indem wir uns über unsere eigene Art und Weise, Entscheidungen zu treffen, bewusstwerden. Wir werden uns Wege anschauen, wie man dies mit jedem Energiezentrum machen kann. Wenn wir uns entspannen und Zusammenschnürung um eine Wahlentscheidung herum loslassen, befreien wir den Energiefluss durch das Energiezentrum, innerhalb dessen wir gerade arbeiten. Wir können Techniken der Kontemplation und des Setzens neuer Absichten verwenden, um die Energien auszugleichen und diese Blockaden zu klären.

Wir müssen die Dilemmata nicht lösen, welche unsere Energiekörper zusammenziehen lassen, um den Abschluss [in die vierte Dichte] zu schaffen. Wir müssen nur den Energiekörper ausreichend offenhalten, damit Lichtenergie in das Herz-Chakra fließen kann, und ihm die Stärke erlauben sich zu öffnen und, wie Walt Whitman sagte, „die Seele einladen".[7]

Der rote Strahl und Sexualität

Die Menge an blanker Energie, die zwischen Erde und physischem Körper vibriert, ist erstaunlich. Doch kann sie nicht annähernd so gut von jemandem, der an oberen Chakren arbeitet, anerkannt und verwendet werden, wenn das Wesen nicht die Geduld, die Demut und die Entschlossenheit hat, mit der Erde in Kontakt zu kommen; diesem Erdboden von Selbst. Denn die sexuelle Identität ist auf so kraftvolle und einzigartige Weise ein Teil des individuellen All-Geistes oder der Seele wie jede andere in Inkarnation ausgedrückte Energie. Dies ist die Energie, welche einen gesunden Geist oder einen gesunden Körper erschafft, die Energie, die dem Sein ein grundlegendes „Ja" gibt.

---

[7] Dies ist angelehnt an ein Zitat von Walt Whitmans unvergesslichem, buchlangen Gedicht, *Leaves of Grass, Section 1*. Das genaue Zitat lautet „I loafe and invite my soul, I lean and loaf at my ease observing a spear of summer grass."

> *Darüber hinaus ist sie, wie es alle Energien sind, eine heilige Energie; und Geschlechtsverkehr ist wie das Abendmahl des roten Strahls, die Heilige Kommunion des Körpers. Diese Vereinigung rekapituliert das Einssein von Erde und Himmel, das Einssein von Männlich und Weiblich und das Einssein von Erreichen und Warten.[8]*

Die Strahlen oder Energiezentren des Energiekörpers sind lebende Entitäten, die sich ständig verändern in Klarheit, Farbintensität und Schwingungsgeschwindigkeit. In ihrem Erscheinen werden alle Strahlen beschrieben wie Blüten, mit ihren Blättern, oder wie Kristalle, mit ihren regelmäßigen Facetten. Die Chakren haben einige Eigenschaften von beiden dieser Beispiele. Diese Strahlen sind gleichermaßen wichtig, keiner ist „besser" als einer der anderen, weil er höher im Energiekörper liegt. Wir benötigen sie alle, um offen und im Fluss zu sein.

Die Ra-Gruppe beschreibt das roter Strahl-Energiezentrum als den grundlegenden Strahl. Er ist der erste Strahl des Energiekörpers, der die hereinkommende Lichtenergie von der Erde empfängt. Der Schöpfer strahlt diese Lichtenergie zum Logos unserer Sonne aus, welche dann die individuierte[9] Lichtenergie zur Erde strahlt, die die Lichtenergie zu uns ausstrahlt. Dieser Energiefluss von Schöpfer, Logos, Sonne und Erde tritt am roten Strahl in den Energiekörper ein.

Das Energiezentrum des roten Strahls befindet sich dort, wo die Beine an der Basis der Wirbelsäule miteinander verbunden sind. Dieses Zentrum wird nicht komplexer werden hinsichtlich darauf, wie es aussieht und arbeitet, als es heute ist, egal wie reif wir spirituell werden. Sowohl das erste als auch das oberste Chakra – roter Strahl und violetter Strahl – sind Auslesungen. Der rote Strahl ist eine beginnende Auslesung unserer vitalen und physischen Energiepegel. Der violette Strahl ist die ausgehende Auslesung des Zustandes der gesamten Reihe unserer Strahlen von Rot bis Violett.

---

[8] Q'uo, gechannelt durch L/L Research in einer Sitzung vom 9. April 1995.
[9] Unverwechselbar gemachte, individualisierte.

Die „inneren Chakren", Orange bis Indigo, können weitaus mehr von Suchenden entwickelt zu werden, während sie sich weiterentwickeln. Die inneren Strahlen bieten viel Raum, um in Komplexität sowie auch in Klarheit, Farbgenauigkeit und -intensität zu wachsen. Wir mögen „Blütenblätter hinzufügen", während die Energie dieses Strahls in uns reift und sich entlang regelmäßiger Muster ansteigender Komplexität weiterentwickelt. Wir können immer detailliertere Facetten innerhalb der kristallinen Strukturen unserer Strahlen erschaffen, während unsere Energie in unserem täglichen Spiel auf dem SPIELBRETT geschickter von uns gelenkt wird.

Die Veränderungen in unserem Energiefluss werden durch unsere Reaktionen auf hereinkommenden „Katalyst" (oder Auslöser) verursacht. Jeder Gedanke, den wir aufrechterhalten, kann die Färbung unseres Energiekörpers und seinen Zustand der Offenheit potenziell verändern.

Die Farbe jedes unserer Energiezentren variiert auf einige unterschiedliche Weisen. Alle roter Strahl-Energiezentren, zum Beispiel, sind rot. Die Intensität dieser Farbe kann variieren, so wie auch ihre Klarheit und ihre Nähe zur „wahren Farbe" (oder Echtfarbe, wie Ra es nennt), welche die exakte Schwingung des roten Strahls ist, die sozusagen bei Geburt von der „Fabrik" aus mit uns kam. Diese Eigenschaften der Farben variieren aufgrund der Intensität, Klarheit und Genauigkeit unserer Gedanken und anderer energetischer Aufwendungen wie Handlungen und Worte.

Diese Echtfarbe ist auch die Schwingung des roten Strahls von Planet Erde und seiner Energie. Je näher sich unsere persönliche roter Strahl-Schwingung der roter Strahl-Schwingung von erster Dichte annähert, desto leichter können wir die Energie des Schöpfers annehmen, wie sie am roten Strahl in den Energiekörper hineinkommt.

Für SPIELENDE ist es nützlich, die Verbindungen zwischen dem menschlichen Energiekörper und dem planetaren Energiekörper zu kultivieren, wie auch die Gleichheit unserer „Erde" der Körperlichkeit und der Erde, aus der wir entsprungen sind. Eine schnelle Möglichkeit, mit der wir alle den Respekt vertiefen können, den wir für uns selbst als menschliche Wesen des

Stammes der Menschen auf Planet Erde haben, ist uns selbst zu erlauben, diese energetische Verbindung zwischen unseren menschlichen Körpern und dem Körper der Erde selbst zu fühlen.

Stellen Sie sich in Ihrem Geist die Energie vor, wie sie von der Erde aus nach oben fließt, die Füße und Beine hoch durch das roter Strahl-Zentrum, auf ihrem Weg aufwärts durch den Energiekörper. Stellen Sie sich dann vor, wie Sie sich intentional[10] zurückverbinden in Planet Erde hinein, indem Sie eine antwortende, dankbare Energie zurück durch ihre Füße in die Erde schicken, und energetische Wurzeln, wie die einer Pflanze, erschaffen. Wenn wir unsere Energiekörper gewohnheitsmäßig mit dieser Visualisierung „erden", erhöht sich unser Gefühl des Wohlbefindens und Zugehörigkeit. Wir gehören tatsächlich zu Mutter Erde. Unsere Körper bestehen aus Ihrem Material und Sie, als das lebende Wesen von Terra, Mutter Erde oder Gaia, liebt uns bedingungslos als Ihre Kinder. Wir können Ihre Liebe und Stärke fühlen, wenn wir uns hinein nach unten in die Erde hinein verwurzeln, und uns mit dem roten Strahl der Erde durch Visualisierung verbinden.

Die roter Strahl-Dichte ist die Dichte der Elemente und „Kräfte", wie die amerikanischen Ureinwohner sie nennen: die chemischen Elemente und vier magischen Elemente oder Kräfte von Luft, Wasser, Feuer und Erde. Sie werden auch mit den vier Himmelsrichtungen Ost, West, Norden und Süd verbunden.

Die irdische, dichte-weite roter Strahl-Verbindung mit dem roten Strahl unserer individuellen Energiekörper ist die Quelle kraftvoller natürlicher Ressourcen für SPIELENDE. Unsere kombinierten physischen und energetischen Körper sind der Verbindungspunkt für viel innere Arbeit, die wir tun können, indem wir unser Einssein mit der Erde spüren, auf der wir leben, und um Ihre heiligen Elemente und Kräfte bitten, um uns stärker zu machen.

Die Bewusstheit dieser Verbindung zu den Elementen und Kräften öffnet auch den Weg zu magischer Arbeit, die wir später im SPIEL zu unternehmen wünschen mögen. Wir werden darüber mehr im

---

[10] Mit Absicht.

dritten Buch dieser Serie sprechen, *103: The Inner Work*. Wissend, dass wir ein Teil des großen Tanzes des Lebens sind, können wir besser in ihn eintreten, mit einem Gefühl, Stil und Anmut in unseren Bewegungen zu erschaffen, während wir tanzen.

Dass das roter Strahl-Chakra grundsätzlich eine Auslesung ist, bedeutet nicht, dass es einfach ist, den roten Strahl offenzuhalten. Tatsächlich bleiben viele von uns mit Blockaden beim roten Strahl stecken, entweder wegen unserer Gefühle über Sexualität oder unserer Gefühle über Leben auf Planet Erde. Sexualität und Überleben sind die Energien, mit denen das roter Strahl-Chakra umgeht. Unsere grundlegendsten Instinkte weilen in diesem Chakra.

Auf Basis unserer Instinkte wünschen wir uns, durch roter Strahl-sexuelle Vereinigung Nachkommen zu erzeugen und unsere Spezies zu beschützen.

Auf Basis unserer Instinkte wünschen wir uns zu überleben.

Ich entschloss mich dazu, Sexualität zuerst von diesen beiden Arten von roter Strahl-Energie zu besprechen, weil Tiere in Laborversuchen wiederholt gewählt haben, sich selbst sexuell zu stimulieren oder eine Substanz wie Kokain aufzunehmen, auf Kosten von etwas zu essen, und litten als eine Folge unter schlechter Gesundheit oder starben. In einer Studie aus dem Jahr 1990 über die Wirkungen von Kokain schrieb der kanadische Autor:

In einem Experiment wurden drei Affen in Käfige gesetzt, wo ihnen erlaubt wurde, nur einen von zwei Hebeln zu drücken – wovon einer eine Kokain-Infusion erzeugt, der andere Nahrungs-Pellets – alle 15 Minuten. Während des achttägigen Experiments wählten alle drei Affen fast ausschließlich Kokain. Selbst bei Versuchen, wo sie nicht Kokain wählten, drückten die Affen nicht den Nahrungs-Hebel. Die Tiere verloren Gewicht und zeigten komische, stereotype Verhaltensweisen. In anderen Experimenten haben Affen und Ratten sich selbst Kokain über mehrere Tage verabreicht, bis sie an Schüttelkrämpfen starben.[11]

In Studien, in denen Versuchstieren sexuelle Stimulation als eine Option für Essen angeboten wurde, waren die Resultate ähnlich, mit Tieren, die krank wurden und starben, aus dem gleichen Grund: weil sie die abhängig machende Substanz statt des Essens wählten. Wir können genauso abhängig werden von Sex, wie wir von anderen starken Substanzen abhängig werden können, die die Chemie unseres Gehirns verändern.

Wir als SPIELENDE streben danach, Abhängigkeiten zu vermeiden. Wir beabsichtigen unseren sexuellen Gefühlen und Energien zu erlauben, sich natürlich zu entwickeln, wie sie auftreten, statt uns selbst zu erlauben, abhängig zu werden von dieser starken Energie. Es mag scheinen, dass je mehr sexuelle Aktivität wir haben, desto offener ist unser roter Strahl, aber in vielen Fällen ist das nicht so. Sexuell Süchtige, sowohl nach Pornographie oder nach sexuellen Beziehungen mit Anderen, erzeugen tatsächlich eine Blockade an ihrem roten Strahl, weil sie ihn mit repetitiven und künstlich erzeugten Wünschen überaktivieren.

Dies ist recht weit verbreitet in unserer sexuell provokativen und freizügigen Medienumwelt. Es ist einfach, sich wegzubewegen vom Erfahren unserer Sexualität als ein natürlich aufsteigendes Verlangen zu Stimulierung durch die Medien in ein künstlich erzeugtes und unersättliches sexuelles Verlangen hinein nach mehr, mehr, mehr.

Falls unsere sexuellen Energien für eine Weile „aus" sind, werden SPIELENDE sie „aus" lassen. SPIELENDE werden erlauben, dass ihr Verlangen natürlich fließt. Zu diesen Zeiten ist das In-Ruhe- und Ohne-Sexuellen-Ausdruck-Lassen des roten Strahls der Weg, um die Energie durch roten Strahl fließend zu halten. Wir müssen nicht sexuell handeln, damit unser roter Strahl offen und glücklich sein kann. Wir müssen einfach die Wünsche oder den Mangel an Wünschen, welche unser roter Strahl uns anbietet, mit einem

---

[11] Bruce Alexander: *Peaceful Measures: Canada's Way Out of the War on Drugs*, Toronto, University of Toronto Press, © 1990, 5. Kapitel.

Gefühl ihrer Richtigkeit annehmen. Auch vollständige Enthaltsamkeit ist kein Hindernis, um ein offenes roter Strahl-Chakra zu haben, falls der zölibatäre Suchende seine oder ihre Sexualität bestätigt und mit ihr in Frieden ist.

Der Sexualtrieb ist jedem von uns bis auf die Knochen eingeboren. Wenn alles mit uns gut geht und wir zum Moment des sexuellen Orgasmus kommen, spüren wir hoffentlich das unsterbliche „Ja" von James Joyces Molly Bloom, in seinem Roman Ulysses, das durch unsere inneren Gedanken und Gefühle ertönt. Ra sagt:

> *Für ein im grünen Strahl aktiviertes Wesen ergibt die sexuelle Energieübertragung das Potenzial für eine direkte und einfache Entsprechung dessen, was ihr Freude nennen mögt, die spirituelle oder metaphysische Natur, die in intelligenter Energie existiert. Dies ist eine große Hilfe für das Verständnis einer wahreren Natur des Seins.[12]*

Für das Bündnis ist die wahre Natur des Seins immer der Schöpfer, der Sich selbst erfährt. Den heiligen Wert von Sexualität zu bestätigen, bedeutet das Chakra des roten Strahls zu öffnen und die Energie durchströmen zu lassen. Wir müssen unsere körperliche Sexualität bejahen. Leserinnen und Leser, bitte spannen Sie Ihre Schließmuskeln an. Frauen, wir haben soeben eine Kegelübung gemacht und unsere Scheidenwände zusammengepresst. Männer, ihr habt soeben eure Männlichkeit von innen herausgedrückt. War das nicht der Anfang eines großartigen Gefühls, meine Damen und Herren? Ist es nicht großartig, diese Energie als Bereicherung in diesem Leben zur Verfügung zu haben? Ist es nicht eine mächtige Angelegenheit, die Freude von sexuellem Kontakt zu spüren?

Wir sollten verstehen, dass wir es mit enorm starken Kräften in uns zu tun haben, wenn wir mit der Energie der Sexualität arbeiten. Wir sind tief sexuelle Wesen. Der sexuelle Trieb liegt unserer menschlichen Natur zugrunde. Ob wir darüber froh sind oder nicht, unser sexueller Antrieb wird unser ganzes Leben lang unsere Gedanken und Gefühle immer wieder mit Farbe und Feuer ausfüllen.

---

[12] Ra, gechannelt durch L/L Research am 25. Februar 1981 (bearbeitet).

Es ist einfach und, auf einer Ebene, richtig, diese grundlegende Energie „Lust" zu nennen. Wenn wir dieses Wort, Lust, jedoch verwenden, meinen wir es üblicherweise verurteilend. Und in dieser Besprechung von rein der roter Strahl-Sexualität beabsichtigen wir gerade nicht, irgendwelche Verurteilungen aufzurufen. Auf dieser grundsätzlichen Ebene betrachten wir nicht den emotionalen Standpunkt hinter den Gefühlen von Verlangen. Wir betrachten diese Energie einfach, wie sie natürlich aufsteigt. Und wie sie natürlich aufsteigt, wird uns in der Bibel erzählt, überprüfte der Schöpfer das System und fand, dass es gut war.

Es ist in der Tat die beste Art von gut. Es ist heilig. In einer vereinten Schöpfung sind alle Dinge heilig. Sexuelle Energie ist – in und aus sich selbst heraus – heilig. Wir, als Menschen, ignorieren diesen heiligen Aspekt oder versuchen zumindest von Zeit zu Zeit daran vorbeizuarbeiten, aber wir können ihr ihre Heiligkeit nicht wegnehmen. Unsere Körper sind heilig und die sexuelle Energie, die sie tragen, ist heilig.

In einer Schöpfung, die aus bedingungsloser Liebe besteht, besitzt diese Heiligkeit das Wesen von Liebe. Wir, als Menschen, die diese Energie in unseren Körpern tragen, haben die Fähigkeit, uns daran zu erinnern, dass diese Energie heilig ist, und sie zu ehren. Das Potenzial von Sex, in unserer tatsächlichen Erfahrung heilig zu werden, wird dadurch aktiviert, dass wir uns an diese Heiligkeit in uns selbst erinnern und sie ehren.

Sex ist eine Quelle der Freude und Heilung, die auf natürliche Weise in die Art eingebaut ist, wie unsere Körper funktionieren, und in unsere irdische Erfahrung auf der fundamentalsten aller Ebenen. Was für ein großzügiger Schöpfer, der solch eine frei verfügbare und eingebaute Quelle des Gutfühlens miterschaffen hat. Sexuelles Spiel, mit seiner Intimität und dem freien Austausch von Energien, ist in der Tat ein Geschenk. Die besten und am meisten Spaß machenden Dinge im Leben auf diesem Planeten sind kostenlos, um einen alten Song zu paraphrasieren.

Auf den ersten Blick würde es scheinen, dass dies genug Gründe sind, um unsere Sexualität zu würdigen und sie zu respektieren. Das ist jedoch nicht im Allgemeinen der Fall. Wir fühlen uns oft angespannt und unkomfortabel hinsichtlich unserer Sexualität. Und doch ist unsere Sexualität, wie Q'uo sagt, die „Erde und der Boden des Selbst". Sie ist unsere Wurzeln und unser Anfang. Wir wurden alle gezeugt als ein Resultat des Schöpfers' Lebensgabe in den Samen unserer Väter hinein, der in die Bäuche unserer Mütter hingepflanzt wurde. Unsere ganze Existenz hängt von der natürlichen Funktion des roter Strahl-Zentrums ab. Sie ist absolut natürlich.

Wir müssen zu einem Frieden mit unserer Sexualität kommen. Wenn wir als SPIELENDE ausschließlich mit dem roter Strahl-Chakra arbeiten, liegt unser Ziel im Umgang mit unserer Sexualität darin, alle Bedenken loszulassen, die wir hinsichtlich wie wir aussehen, oder jeglicher anderen Sorge haben, die den natürlichen Fluss von Energie durch roter Strahl einengt. Stattdessen sollten wir uns darauf konzentrieren, das Geschenk unserer Sexualität zu genießen. Bei dem einfachen, freudevollen Gusto zu bleiben, dem Schwung, der Verspieltheit und dem ehrlichen Genuss unserer Sexualität ist unser Anliegen als SPIELENDE hinsichtlich darauf, unsere roter Strahl-Zentren offen und gut fließend zu halten.

Das zu tun ist eine herausfordernde Angelegenheit, aus Gründen, die später offensichtlich werden, wenn wir die Funktionsweisen des oranger Strahl-Chakras besprechen. Für den Moment, lassen Sie uns einfach sagen, dass wir als SPIELENDE in einen wirklich entspannten und bestätigenden Frieden hinsichtlich unserer selbst als sexuelle Wesen kommen wollen. Als SPIELENDE möchten wir uns mit unserer Sexualität wohlfühlen. Unser Ziel ist, diesen wertvollen Fluss an Energie am Fließen zu halten. Wenn diese sexuellen Energien sich bedroht fühlen, verlieren wir unser „Ja". Wir können auf sexuelle Reize leicht so reagieren, dass wir den Fluss von Vitalenergie durch unsere Energiekörper zumachen, falls wir uns unwohl damit fühlen, dass wir sexuelle Wesen sind. Es ist sehr wichtig, das nicht zu tun.

Der rote Strahl und Überleben

> *Wenn ein Wesen in Besitz von mentaler Verzweiflung ist und sich nicht bewegt hat, von dieser Dynamik in einen produktiven Modus des Denkens, Analysierens, Fühlens und Handelns, wird diese Verzweiflung in den Körperkomplex eingearbeitet. Dann kommt Krankheit und letztendlich Tod. Daher sind die Wellen fortgesetzter Verzweiflung der Tod des Körpers.[13]*

Wie fühlen Sie sich damit, auf dem Planeten Erde zu leben? Wenn wir an Überlebensinstinkte denken, fällt uns meisten der „Kampf oder Flucht"-Mechanismus ein, der in unsere Adrenalin-Reaktion eingebaut ist. In einer Notfallsituation, wenn unser Überleben physisch bedroht ist, haben wir alle die massive und systemweite Reaktion gespürt, bei der unser Mund austrocknet, sich der Magen beruhigt und wir innerhalb eines Moments alarmiert sind, als wir es uns einen Moment, bevor wir diesen Reiz erfuhren, der die Notfallreaktion auslöste, hätten vorstellen können. Im Moment dieser Reaktion können wir kämpfen: wir können verteidigen und töten. Wir können uns auch entscheiden zu fliehen und inspiriert sein, von einer Gefahr davonzulaufen wie der Wind.

Wenn unsere Adrenalin-Reaktion nur von wirklich lebensbedrohenden Notfällen hervorgerufen wird, sind wir normalerweise hinsichtlich unserer roter Strahl-Überlebensinstinkte beruhigt, und unser roter Strahl bleibt offen. Doch in unserer zunehmend unter Druck stehenden Kultur der 1. Welt, von der wir ein Teil sind, kann diese Adrenalin Reaktion auf chronische Weise durch Stress halb-ausgelöst werden, sodass wir auf täglicher Basis einer Kampf-oder-Flucht-Reaktion nahe sind. Das ist für unsere Energiekörper erschöpfend und neigt Stück für Stück dazu, den roten Strahl einzuengen. Es reibt die Seele auf und bewirkt einen chronischen, gewohnheitsmäßigen Zustand einer milden Depression, die uns schleichend unserer Freude beraubt. Wir möchten nicht hier auf der Erde sein, wir ziehen uns um

---

[13] L/Leema, gechannelt durch L/L Research am 2. September 1985.

unsere Unzufriedenheit herum zusammen. Dieses Zusammenziehen quetscht die Energie-Pipeline auf der Ebene des roten Strahls, manchmal bis zum Punkt der vollständigen Blockade.

Das Französische verfügt über eine Phrase, die besonders geeignet ist, um die pure, ausgelassene Lebensliebe zu beschreiben: élan vital oder Lebenskraft[14]. Wenn wir unsere Leben lieben und genießen, steigt unsere Vitalenergie auf. Liebe/Licht des Schöpfers fließt frei durch die Person, die ihr Leben genießt.

Es mag sein, dass wir nicht denken, dass das Leben hier auf der Erde eine Segnung ist, auch wenn wir nicht die chronische Depression erfahren, von der oben gesprochen wurde. In den Erfahrungen vieler Menschen geschehen Ereignisse, die vorübergehend ihre Liebe für das Leben verbittern. Wir gehen alle durch solche Zeit von situationsbedingter Depression. Der Verlust einer geliebten Person, einer Anstellung oder einem Zuhause ist ein Ereignis, das uns fast garantiert seelisch versinken lässt. Wenn wir uns in negativen roter Strahl-Emotionen wie Verzweiflung, Kummer und Hoffnungslosigkeit verfangen, fühlen wir uns schrecklich. Wenig oder keine Energie kann sich im Energiekörper nach oben zum Herzen bewegen. Es ist selbst schwierig, sich an bessere Zeiten zu erinnern oder nach vorne zu schauen in Hoffnung auf gute Zeiten, die da kommen mögen. In Wirklichkeit erfordert es die Disziplin von SPIELENDEN, um dies zu tun.

Wir haben darüber gesprochen, sich an einen größeren Standpunkt zu erinnern, dem Standpunkt von SPIELENDEN. Das Hauptmerkmal von Verzweiflung ist ihr Mangel an Perspektive. Wenn wir deprimiert werden, schrumpft unsere Welt zusammen, bis sie nur noch die Gefühle der Hoffnungslosigkeit und Verzweiflung enthält, die über uns gekommen sind. SPIELENDE entscheiden sich in dieser Situation bewusst dazu, ihren Geist auf Glaube und Hoffnung zu fixieren, als eine Disziplin. Diese Einstellung des Vertrauens klärt das roter Strahl-Energiezentrum.

---

[14] Élan vital wird aus dem Französischen heraus oft als Lebenskraft übersetzt. Das englische „vital energy", welches oft im Bündnis-Material erwähnt wird, habe wir durchgängig als Vitalenergie übersetzt.

Der Kampf-oder-Flucht-Mechanismus wird heruntergefahren und die Energie fließt wieder frei. Wenn die Energie erneut frei fließt, können wir wieder Zugang zur Energie des Herzens bekommen und uns zu unserer inneren Führung orientieren. Und wir finden unsere Freude wieder, indem wir unseren Willen nutzen, um Vertrauen zu wählen.

Bemerken Sie, dass der Glaube, den zu haben wir uns entscheiden, kein Glaube IN Irgendetwas ist. Es ist ein einfacher Glaube daran, dass alles gut ist und dass, was in unseren Leben geschieht, hilfreich ist, auch wenn es auf den ersten Blick nicht so erscheint.

Der Ursprung einer vorübergehenden Depression kann auf Angelegenheiten zurückzuführen sein, die durch irgendeines der drei unteren Chakren kommen. Wir können aus emotionalen Beweggründen, die keine Richtung haben, was ein roter Strahl-Gefühl der Verzweiflung ist, Selbstmordgedanken entwickeln. Wir können uns aufgrund einer Beziehung oder einer Partnerschaft wie eine Ehe, die zu Ende gegangen ist, suizidal fühlen, oder weil wir gekündigt wurden. Welcher Strahl auch immer der Verzweiflung zugrunde liegt, sie hinterlässt ihre Spuren im Energiekörper als eine roter Strahl-Blockade.

Die eine zentrale Sache hinsichtlich der Klärung des roten Strahls von Verzweiflung liegt darin zu verstehen, dass diese Arten von Verzweiflungs- und „Jemand hat auf mich geschossen"-Emotionen und Gedanken den Energiekörper auf der Ebene des roten Strahls einschnüren. Sicherlich schnüren sie den Energiekörper auch weiter oben ein, beim zweiten oder dritten Strahl. Die Klärung der Blockade muss aber am unteren Ende anfangen, beim roten Strahl.

Wenn wir wahrnehmen, dass wir Energie auf der Ebene des roten Strahls in unseren Energiekörpern einschnüren, dann, müssen wir unsere grundsätzlichen Einstellungen zuerst angehen, bevor wir zum Warum und Wofür von Beziehungen, Partnerschaften und so weiter gehen. Wir müssen uns zuerst anschauen, was mit unserem Geist passiert ist. Unser Geist hat unseren Energiefluss eingeschnürt, indem er die Geschichte der Hoffnungslosigkeit und Hilflosigkeit akzeptiert hat, die unsere Gefühle uns erzählen.

Wenn ich an meinen eigenen Momenten der Verzweiflung arbeite, finde ich, dass es hilft, so zu tun, also ob diese kleine Seifenoper meines Lebens gefilmt würde. Indem ich der Regisseur des Films werde, erschaffe ich eine Art Perspektive für mich selbst. Ich bitte den Kameramann, etwas zurückzugehen. Ich gebe das Bedürfnis auf, bei dieser Nahaufnahme meines Selbst, das sich miserabel fühlt, zu bleiben. Ich bitte um die weitere Sichtweise. Da ich der Regisseur bin, schaue ich mir mein „Set" genau an. Ich schaue auf von meinen Sorgen, um den Kontext[15] dieses Momentes zu sehen, und werde mir über die Schönheit des Tages bewusst. Ich wertschätze den Charme kleiner Details, die der Szene etwas hinzufügen: die Vase voller Karden, die wir auf den Altar stellen; der Helmspecht, der draußen vor dem Fenster rattert; der Stoß von vollem Sonnenschein. Ich amüsiere mich damit zu planen, wie die Aufnahme von „mir im gegenwärtigen Moment" eingerahmt werden soll.

Falls ich bei dieser weiteren Sichtweise bleibe, fange ich an zu spüren, wie sich die Einengung meiner Energie löst. Die Schönheit der Umgebung zu sehen, wärmt mein traurig gewordenes Herz, und ich verstehe, dass auch wenn diese Situation nicht so ist, wie ich es möchte, macht sie auch nicht mein ganzes Leben aus. Ich beginne, wieder die vielen anderen Dinge zu bemerken, die hinsichtlich meines Lebens gut bleiben.

Damit habe ich den Fluch der Depression gebrochen.

Wenn wir uns schlecht fühlen, sind wir auf eine Art verzaubert, von einem bösen Zauberer, und dieser Zauberer sind wir selbst. Die zentrale Charakteristik von Verzweiflung ist, dass es ein kleines System ist, geschlossen, zirkulär und sich wiederholend. Aus all den Gedanken dieser Welt lassen unsere Gefühle von Verzweiflung, Wut und Verärgerung uns die Entscheidung treffen, uns auf dieses eine traurige Gedanken-Karussell zu konzentrieren, welches sicherlich nirgendwohin führen wird und uns überhaupt nicht hilft.

Doch wir enden damit, die Fahrt mitzufahren, als ob wir ein Kind auf der Kirmes wären. Innerhalb unseres Geistes gibt es keinen

---

[15] Kontext: Zusammenhang, Rahmen, Umstände.

externen Helfer oder freundlichen Mitarbeiter, der die Fahrt anhält und jeden vom Karussell herunterlässt. Wir wissen, wie wir drauf kommen! Irgendetwas löst alten Schmerz in uns aus, und los geht's mit der Rundfahrt der Wehklagen. Bis wir selbst zu diesem Mitarbeiter werden und uns selbst vom Karussell helfen, stecken wir in Kummer fest. Und unser Energiekörper ist zusammengezogen und blockiert.

Wir als SPIELENDE müssen uns selbst die Aufgabe auferlegen, von diesem Kreislauf der Gedanken auf- und wegzuschauen, wenn wir uns darüber bewusst werden, dass wir uns depressiv fühlen. Wir müssen den Kontext unseres Lebens im Allgemeinen wiedergewinnen. Nur dann können wir vom Karussell herunterkommen.

Es erscheint mir unwahrscheinlich, dass Leben jemals schlechter oder besser war, als es gerade jetzt ist. Wir können die Gefühle der Verzweiflung in uns nicht dadurch entschuldigen, dass moderne Zeiten uns „wie eine Nummer fühlen" lassen und ein Zahnrad in irgendeiner unpersönlichen Maschine. Sicherlich sind unsere Tage voll von Vorschlägen, dass wir nicht wichtig sind. Andererseits, an welchem Punkt in der aufgezeichneten Geschichte waren wir jemals wichtig? Wann haben wir unsere Bedürfnisse stillen können? Würden sich unsere Probleme auflösen, wenn wir in einfacheren Zeiten leben würden? Überhaupt nicht.

Ich glaube nicht, dass irgendetwas, emotional gesprochen, jetzt anders ist als zu anderen Punkten im Zeitverlauf der Geschichte. Die äußeren Ereignisse, welche die Geschichte unserer Leben bilden, sind wirklich eine sich verändernde und flüchtige Kulisse für das beständige Spiel unserer Emotionen und Gefühle. Wenn wir gut ausgeglichen sind, fühlt sich das Leben frei und stark an, und es besteht ein Gefühl der ständigen Weiterentwicklung. Wenn wir unser Gleichgewicht verlieren, sind wir weg auf dem Karussell aus Traurigkeit und Leiden.

Wir erschaffen die Muster unseres Leidens auf so natürliche Weise wie unsere Mägen Gas produzieren, wenn sie Bohnen verdauen. Auf gewisse Art ist unser Leiden eine emotionale Verdauungsstörung. Das Hilfsmittel für Gase ist Natron, das die Gasbläschen aufplatzen lässt und das Magen-Darm-System erleichtert. Die Behandlung von emotionalem Leiden ist das Aufsuchen eines weiteren Blickwinkels, in dem die klarere Sicht von unserer wirklichen Situation die Problem-Bläschen zum Platzen bringt, die unseren Energiekörper verstopft haben, und die Einengung des Energiezentrums auflöst.

Das flache Spielbrett ist voll von diesen zirkulären, sich wiederholenden „Fahrten" der Gedanken und Gefühle, die unseren Geist mitreißen und alle Freude aus unseren Leben herausdrücken. Wenn wir uns selbst auf einer solchen Fahrt wiederfinden, müssen wir uns die Zeit nehmen, um aufzuschauen und zu verstehen, was passiert ist. Dann müssen wir unsere Kunst als SPIELENDE ausüben und vom Karussell herunterkommen. Diese einfache Entscheidung wird den Energiekörper auf der Ebene des roten Strahls wieder aufmachen. Und es fühlt sich so gut an, den Blues abzuschütteln!

Diese Arbeit benötigt Zeit und Mut. Negative Emotionen wie Hoffnungslosigkeit, Hilflosigkeit und Verzweiflung sind schwierig zu erleben und noch schwerer zu verstehen, sodass wir Beobachtende unserer mentalen und emotionalen Zustände sind, anstatt von ihnen gefangen zu werden.

Eine Technik, die ich in der Arbeit mit diesen Arten von Gefühlen verwendet habe, ist, dieses Gefühl zu bitten, durch mich zu fließen. Falls ich Tränen zu weinen haben, finde ich einen privaten Ort und lasse sie kommen. Falls ich Zorn habe oder andere Emotionen, finde ich die totale Zurückgezogenheit, die mir ermöglicht, diese Unterhaltung mit mir laut zu führen, statt in meiner Vorstellung, wo sie den ganzen Tag herumgekreist ist. Wenn wir unseren Gefühlen den Respekt geben, den sie verdienen, und wenn wir unseren eigenen Beschwerden sorgsam zuhören, können wir oft beginnen, uns selbst aus der Misere dieser Stimmungen zu fischen, einfach weil wir uns zumindest gehört haben.

Den Energiekörper zu klären, gelingt nicht mit dem Vulkan-Trick, alle Emotionen zu unterdrücken und stattdessen Logik zu bitten, im eigenen Geist zu regieren. Stattdessen gelingt dies durch die Anerkennung von allem, was wir fühlen und denken, durch das absichtliche und gründliche Erleben von all dem, und dem anschließenden Bitten des Geistes, die Sorge, die wir hinsichtlich dieser Gefühle und Gedanken hatten, loszulassen.

Wiederum ist es zentral, der Klärung des Energiekörpers von der Blockade die Priorität über das Lösen der Probleme, die scheinbar das Leiden verursachen, zu geben. In unseren emotionalen Leben neigen die wirklichen Quellen unseres Ärgers dazu, in Mustern der Sorgen und Ungleichgewichten versteckt zu sein, die seit der Kindheit in uns existieren.

Es ist dann keine Überraschung, dass einige Knäuel in unseren Leben eine lange Zeit brauchen, um entwirrt zu werden, in Begriffen von äußeren Ereignissen. Es mag sein, dass wir über Jahre mit dickköpfigen Verwirrungen in verschiedenen unserer Energiezentren arbeiten. Wir können kein Knäuel herauskämmen, nur indem wir es uns so wünschen. Wir können aber fast momentan das roter Strahl-Energiezentrum von Einengung klären, indem wir Glaube und Vertrauen, und einen größeren Blickwinkel, aufrufen; und uns selbst bitten, Beobachtende von uns selbst zu sein und dann Heilende und Ausgleichende unseres eingeengten Energieflusses, damit wir wieder mit guter Energie fließen.

Kapitel 5

Das oranger Strahl-Energiezentrum

Unsere Beziehung mit uns selbst

> *Der orange Strahl ist der Einfluss oder Schwingungsmuster, in dem der Geist/Körper/Seele-Komplex seine Kraft auf einer individuellen Basis ausdrückt.*[16]

Die Energien des orangen Strahls, welche wir in unseren täglichen Leben erfahren, drehen sich darum, uns selbst und Andere zu lieben. Das ist, wo das Spiel anfängt komplexer und interessanter zu werden!

Auf dem flachen Spielbrett haben wir normalerweise nicht gespielt und dabei viel daran gedacht, Liebe in unseren täglichen Entscheidungen auszudrücken. Bevor wir uns selbst als spirituell Suchende oder SPIELENDE gesehen haben, haben wir unsere Bewegungen in der Regel auf die beschränkt, die auf dem flachen Spielbrett zur Verfügung standen. Wir haben die Vor- und die Nachteile jeder Option analysiert, und haben unseren logischen Verstand beim Finden von Lösungen eingesetzt. Wir haben nachgedacht, geplant und organisiert. Wir haben uns diesen Parkplatz geschnappt! Wir haben diesen Kunden überzeugt! Auf dem flachen Spielbrett ist der Hauptpunkt, zu gewinnen.

Das Problem damit, das Spiel des Lebens vollständig auf dem flachen Spielbrett zu spielen, ist, dass wir nie den Abschluss aus dieser Umgebung machen werden, wenn wir nur das flache Spielbrett verwenden. Um den Abschluss zu schaffen, müssen wir auch das erhöhte SPIELBRETT verwenden, welches Liebe/Licht-Energie anruft, um uns zu helfen, unsere Herzen „an den richtigen Fleck" zu bekommen. Wir wollen, dass unsere Herzen am richtigen Ort sind. Und wir wollen, dass sie dort bleiben. Wir

---

[16] Ra, gechannelt durch L/L Research am 27. Februar 1981.

wollen abschließen. Das große SPIELBRETT hat Ressourcen, die uns helfen, das Spiel des Lebens zum Abschluss hindurch zu gewinnen. Eine dieser Ressourcen ist die Fähigkeit, mit der Energieleitung des Energiekörpers zu arbeiten und sie geklärt zu halten bis hoch zum Herz-Chakra.

Wir können das roter Strahl-Chakra schnell und einfach klären, wenn wir unsere Sexualität anerkennen und die Richtigkeit unseres Instinktes für Überleben bejahen. Auch wenn das roter Strahl-Zentrum jeden Tag überprüft werden sollte, um sicher zu gehen, dass der Energiekörper noch offen ist, ist die Checkliste dennoch kurz. Ist es ok für mich, ein sexuelles Wesen zu sein? Ist es ok für mich, auf dem Planeten Erde zu leben? Falls ja und ja, dann können wir weiterziehen.

Anders als das Wurzel-Chakra oder roter Strahl, ist das oranger Strahl-Chakra in der Lage, in mehr Brillanz, Ausdruck und Klarheit hinein zu „blühen", während wir besser fähig werden, dieses Energiezentrum klar zu halten. Wir können immer mehr Facetten dieses orangen, blütenförmig geformten Zentrums erschaffen, das sich entlang der Wirbelsäule an unserem Bauchnabel befindet, und wir tun dies, wenn wir mit der Kraft, die unsere ist, innerhalb von Beziehungen arbeiten.

In oranger Strahl-Arbeit häufen sich die Themen fortwährend an. Mit dem Klären sind wir nie fertig! Es ist wie Hausarbeit. Genauso wie wir den Teppich jeden Tag staubsaugen können und jedes Mal Schmutz entfernen, können wir fortgesetzt das Haus unserer Beziehungen mit uns selbst und Anderen staubsaugen, und jedes Mal Schmutz finden, der gereinigt werden sollte.

Die Ra-Gruppe sagt, dass der orange Strahl derjenige Einfluss oder das Schwingungsmuster ist, in dem der Geist/Körper/Seele-Komplex, was ihr Begriff für eine Person ist, seine Kraft auf einer individuellen Basis ausdrückt. Und was ist diese Kraft? Es ist unsere Kraft, Liebe, Akzeptanz, Vergebung und Mitgefühl zu geben oder zurückzuhalten. Es ist unsere Kraft, unsere Versprechen zu halten und Menschen ethisch vertretbar, fair und großzügig zu behandeln. Und bevor wir diese Kraft an irgendjemandem anwenden, müssen wir sie an uns selbst anwenden. Wir müssen lernen, uns selbst anzunehmen und uns selbst mit Respekt zu behandeln.

Die Gefühle hinsichtlich uns selbst gehen tief. Ihre Kraft kann uns erheben oder herunterziehen, ohne dass wir es bewusst bemerken. Oft stellen wir fest, dass uns selbst anzunehmen schwieriger ist, als Andere anzunehmen. In den meisten Fällen können wir sehen, dass eine Person, die scheinbar unvollkommen ist, tatsächlich mit Schwierigkeiten zu tun hat, und einen guten Job macht, um unter diesen Umständen zurechtzukommen. Unser Mitgefühl springt bereitwillig hervor. Wenn es dazu kommt, in der Lage zu sein, uns selbst für unsere selbst-wahrgenommenen Fehler zu vergeben, sind wir in der Tat oft strenge Richter.

Wie urteilen wir über uns selbst? Ein Weg ist, die schimpfenden Stimmen der Kindheit zu verinnerlichen. Wir halten diese toxischen Stimmen aus der lang zurückliegenden Vergangenheit hörbar, indem wir ihnen zuhören. Mit welchen Worten schimpfen unsere Stimmen mit uns? „Das ist nicht gut genug", neigen meine zu sein.

Heute, wenn ich mich daranmache, etwas zu tun, und nach meiner Einschätzung scheitere, kann ich, falls ich zuhöre, immer noch die gleiche Stimme hören, die mich ausschimpfte, als mir vor 55 Jahren ein schweres Glas zerbrach. Ich war um die sieben Jahre alt und versuchte, den Familienabwasch zu machen. Das Glas rutschte im seifigen Wasser aus meinen Händen und splitterte. Für meine Tollpatschigkeit wurde ich ordentlich ausgeschimpft. Wie gut ich mich an die Frustration erinnern kann, dass ich mein absolut Bestes gab und es nicht gut genug war!

Als eine Erwachsene kann ich zurückblicken und das Kind sehen, das seinem Alter entsprechend sein Bestes gab. Ich kann sehen, dass ich viel zu jung war, um zu erwarten, dass ich diese Aufgabe mache. Ich kann mir selbst sagen, dass meine beste Bemühung, auch wenn ich versagte, gut genug war! Ich kann, bis hin zu reinem Mitgefühl, ergriffen sein für dieses kleine Mädchen. Aber bis ich damit beginne, meiner eigenen Stimme zuzuhören; bis ich Gnade für mich selbst finde; bis ich anfange, mich dafür zu interessieren und mir selbst dafür zu vergeben, dass ich das Glas vor über einem halben Jahrhundert zerbrochen habe, bin ich immer noch eine Gefangene meiner eigenen, hartnäckigen Erinnerung. Ich weiß nicht, was Ihre toxischen Stimmen sagen. Ich weiß nur, dass sie zur Ruhe zu legen der Weg ist, um geübte SPIELENDE zu werden. Vielleicht waren sie faire Stimmen, vielleicht unfaire. In jedem Fall ist die Zeit vorbei! Wir müssen weiterziehen. Als SPIELENDE müssen wir im gegenwärtigen Moment sein, frei von den Stimmen vergangener Tage. Wenn wir uns in Selbstverurteilung hinein verirren, müssen wir uns selbst in den ausgeglichenen Zustand zurückbringen, in dem wir unsere eigene Gutheit und unseren Wert als eine Seele und als ein Teil des Schöpfers sehen können, ebenso wie wir uns über unsere wahrgenommenen Fehler bewusst sind.

Ich sage nicht, dass wir nie Fehler machen. Natürlich tun wir das. Ich sage nicht, dass wir unsere Fehler ignorieren sollen. Überhaupt nicht: Wir müssen von ihnen lernen. Ich sage nicht einmal, dass wir die ganze Zeit liebenswert sind. Sicherlich sind wir das nicht! Wir sind alle „Bozos in diesem Bus".

Was ich sage, ist, dass wir lernen können uns selbst zu lieben und unsere Fehler kennen. Und das ist, was wir tun müssen, um unseren orangen Strahl zu öffnen. Im Kern des Am-Fließen-Halten von Energie durch das oranger Strahl-Zentrum ist die Entwicklung der Einstellung, uns selbst aufrichtig zu lieben.

Wir verbringen viel Zeit mit uns selbst. Wir kennen unsere Gedanken und Neigungen, ausgesprochene und geheime. Wir haben eine eigene, innere Welt erschaffen, in der unser Strom aus Bewusstsein fließt. Es ist wichtig zu einer beständigen Freundschaft mit uns selbst zu kommen. Falls wir unsere eigene Gesellschaft nicht mögen, wie können wir uns dann an der von irgendjemand Anderem erfreuen? Falls wir kein Mitgefühl mit uns selbst haben, wie können wir Mitgefühl für Andere haben? Wir müssen es wirklich genießen, zu sein, wer wir sind. Das ist essenziell, um die Energie durch den Energiekörper am Fließen zu halten.

Eine positive Einstellung ist zumindest in Teilen eine Gewohnheit. Als SPIELENDE müssen wir diese Gewohnheit kultivieren. Wenn wir etwas Aufmerksamkeit schenken, wächst es und entwickelt sich in unseren Leben, genauso wie Pflanzen wachsen, wenn ihnen Wasser und Pflanzennahrung gegeben wird. Falls wir den Segnungen in unseren Leben Aufmerksamkeit schenken, reagieren diese Segnungen, indem sie sich multiplizieren, bis wir unsere innere Welt vollständig verändert haben. Wir entdecken uns, wie wir weiter werden, gelassener und friedlicher. Es fühlt sich gut an! Und sich gut zu fühlen ermöglicht Liebe/Licht des Schöpfers, fröhlich durch den orangen Strahl unseres Energiekörpers zu segeln, und weiter in Richtung des Herzens.

Ein weiterer Aspekt unserer oranger Strahl-Beziehung mit uns selbst, der selten in guter Form ist, sind unsere Gefühle über unsere Körper. Wir sind selten mit unserem Aussehen glücklich. Wir fühlen uns selbst-bewusst. Wir mögen uns körperlich unangemessen fühlen, einfach weil wir nicht das ideale Aussehen haben. Wir reichen selten an unsere Vorstellungen des Ideals heran. Diese Gefühle engen das oranger Strahl-Zentrum ein.

Der Druck, zu versuchen „gut" auszusehen, hat seine eigene Krankhaftigkeit in unserer Gesellschaft entwickelt. Eine zu strenge Diät kann zu Magersucht oder Bulimie führen. Das ist sehr schwer für den physischen Körper, da dem Körper die Nährstoffe verweigert werden, die er benötigt. Dennoch ist das Praktizieren von einer Art von Diät unter Menschen, die Wert auf Äußeres legen, sehr weit verbreitet. Bei Männern ist es weniger wahrscheinlich, dass sie völlig auf Nahrung verzichten und magersüchtig werden, aber auch sie neigen dazu, sich zwanghaft mit ihrem Gewicht zu beschäftigen und fühlen sich unattraktiv aufgrund von Gewichtsproblemen, und engen so ihre oranger Strahl-Zentren ein.

Diäten einzuhalten ist nicht das Ende unserer verurteilenden Einstellung hinsichtlich unseres Aussehens. Wir können weiter gehen zu den harschen Techniken der Schönheitschirurgie, indem wir unsere Falten mit giftigen Botox-Injektionen glätten, unser angesammeltes Fett operativ mit einer Liposuktion absaugen und, im Fall von Frauen, die Brüste, Nase, Lippen oder Hüften, die die Natur uns gab, durch die operativ veränderten Formen ersetzen, die wir bevorzugen. Diese Kultur hat eine brutale Umwelt für jene erzeugt, die einen realistischen Frieden damit schließen möchten, wie sie auf natürliche Weise aussehen.

Das bedeutet, dass wir wahrscheinlich weniger als zuversichtlich sind, wenn es darum geht, uns selbst als menschliche Wesen anzuerkennen und zu genießen. Wahrscheinlich machen wir uns darüber Sorgen, wie Andere uns sehen. Diese Sorge kann den Energiekörper ebenfalls am orangen Strahl einengen. Wir wissen, dass es unsinnig ist, sich darüber Sorgen zu machen, wie wir „rüberkommen". Die Menschen, an denen wir uns erfreuen, sind immer jene Menschen, die einfach sich selbst sind, keine Seele zu beeindrucken versuchen, sondern das Leben ihrer Leben genießen. Das ist, was das Bündnis uns zu tun vorschlägt: unsere Tage zu genießen. Der orange Strahl ist der Strahl der Bewegung und des Wachstums im Verständnis unserer Selbstheit, genau wie die oranger Strahl-Dichte, die Dichte der Pflanzen und Tiere, die Dichte von Bewegung und Wachstum und dem Hinausreichen zum Licht ist. So wie wilde Tiere ihre Umgebung genießen, müssen wir uns selbst und unsere Leben genießen, um das oranger Strahl-Zentrum auszugleichen.

Es hört sich seltsam an, Menschen zu bitten, daran zu arbeiten, ihre Leben zu genießen, und doch ist dies benötigter Ratschlag. Wir besitzen alle eine gemischte Tasche in unseren täglichen Leben. Einige unserer Erfahrungen sind Segnungen, einige sind neutral und einige sind scheinbar giftig. Der Trick, um dem entgegenkommenden gegenwärtigen Moment mit einem Energiekörper, der klar und fließend ist, zu begegnen, ist, sich auf unsere Segnungen zu konzentrieren.

Der orange Strahl und Andere

Ein Schlüssel ist tatsächlich, jedes Wesen innerhalb einer Beziehung als eine Blume von einzigartiger Schönheit zu sehen, die besser betrachtet wird als zurückgeschnitten oder gepflückt.[17]

---

[17] Q'uo, gechannelt durch L/L Research am 19. Februar 2003.

Wir haben die guten Dinge besprochen, die uns als SPIELENDE passieren, wenn wir uns selbst als würdige Wesen, so wie wir sind, verstehen. Lassen Sie uns nun einen Blick auf die guten Auswirkungen werfen, Andere ebenso, wie sie sind, als würdig zu sehen. Das oranger Strahl-Energiezentrum handelt nicht von Abstraktionen. Es geht nicht um Liebe der Menschheit. Das oranger Strahl-Chakra arbeitet eng entlang der Art und Weise, wie wir in unseren Beziehungen mit uns selbst und mit anderen Menschen, einer nach dem anderen, unsere persönliche Kraft verwenden und unsere Vitalenergie aufwenden. Das Bauch-Chakra dreht sich voll und ganz um persönliche Beziehungen.

Beziehung! Hier ist ein Schlagwort unserer Zeiten! Es hat sogar sein eigenes Akronym. Es ist „das B-Wort". Über den Weg des Französischen kam das Wort im 14. Jahrhundert aus dem Lateinischen in die englische Sprache. Das lateinische Wort „*relationem*" bedeutet wörtlich „ein Zurückbringen, ein Wiederherstellen". Seine erste Verwendung war im romantischen Sinn. Menschen, die eine Beziehung hatten, waren zueinander zurückgebracht, nicht durch Blutsverwandtschaft, sondern durch romantisches Interesse oder Heirat.

Ab dem 16. Jahrhundert hat die Rechtswelt von dem Wort Besitz ergriffen, um bestimmte Verbindungen zwischen Mandanten und ihren Anwälten zu bezeichnen. Als in der Renaissance die Wissenschaft erblühte, übernahmen die Physik und Chemie das Wort mit der Bedeutung einer natürlichen Anziehung. Einige Elemente haben einfach eine natürliche Affinität füreinander. (Dem Himmel sei Dank!) Sauerstoff und Wasserstoff sind an sich schon sehr gut, aber was würden wir tun ohne, dass sich zwei Teile Wasserstoff mit einem Teil Sauerstoff verbinden zu H_2O – Wasser? Muster natürlicher Anziehung sind ein tiefer Anteil der Art und Weise, wie die Schöpfung funktioniert.

Wir stellen fest, dass mit einigen Menschen sofort die Chemie stimmt, oder wir eine natürliche Anziehung zu ihnen haben, und zu anderen nicht. Das bringt uns zurück zum B-Wort und zu unseren natürlichen Anziehungen zueinander als menschliche Wesen. Wir können nicht anders als einige Menschen mehr zu mögen als andere. Jede und jeder von uns hat eine Aura von Energien aus unseren Energiekörpern, die unsere „Schwingung" ausmachen. Einige Menschen werden auf natürliche Weise in harmonischer und erfreulicher Art mit uns „mitschwingen", so dass Energie mit diesen Menschen ein Vergnügen ist.

Und bei anderen Menschen sind unsere Schwingungen ausreichend verschieden von ihren, dass wir wahrscheinlich niemals in der Lage sein werden, sie auf der bewussten, menschlichen Ebene richtig wertzuschätzen. Doch auf der Seelen-Ebene sind alle gleich „gut". Wir sind alle eins. Diese Erinnerung an Einssein aufzurufen, wenn wir dem Umgang mit solchen Menschen gegenüberstehen, entblockt das oranger Strahl-Zentrum, sodass die Vitalenergie des Schöpfers frei durch dieses Chakra kommen kann.

Ich liebe das Q'uo-Zitat von oben darüber, Andere als Blumen zu behandeln, und sie nicht aus ihrem natürlichen Habitat herauszubewegen oder sie abzuschneiden, damit sie in unsere Vasen passen, sondern sie einfach zu genießen, wie sie sind. Das ist ein kraftvoller Schlüssel, um das oranger Strahl-Chakra klar zu halten. Dieser Schlüssel klingt einfach, aber er ist es nicht.

Unsere Kultur schlägt vor, dass Manipulation von Anderen, für ihr eigenes Wohl oder für unseren eigenen Nutzen, akzeptabel ist. Als Kinder lernen wir, nett um Dinge zu bitten, mit „Bitte" und „Dankeschön". Wir lernen, wie man die Räder des gesellschaftlichen Umgangs schmiert. Wir lernen zu lächeln, wenn wir es nicht meinen, damit wir höflich sind. Wir lernen „Notlügen" zu erzählen, um zu vermeiden, dass wir diejenigen beleidigen, die wir lieben oder gefallen möchten. Wir lernen uns zu „verhalten".

In und aus sich selbst heraus sind diese Lerninhalte solide Aktivposten auf dem flachen Spielbrett und akzeptable Startpunkte auf dem erhöhten SPIELBRETT. Es ist eine angenehme Sache auf beiden Spielbrettern, wenn sich unsere persönlichen Beziehungen reibungsfrei fortbewegen. Jedoch gibt uns solches gelernte und künstliche Verhalten keine Vorstellung in einem inneren Sinn davon, was persönliche Kraft ist, wie es sich anfühlt, kraftvoll zu sein, oder wie wir unsere beste Verwendung dieser Kraft beim Spielen auf dem erhöhten SPIELBRETT machen können.

Auf dem erhöhten SPIELBRETT regiert eine spirituelle Demokratie. Die Menschen, die im Todestrakt sind, deren Morde und andere Verbrechen mit den negativsten und schwärzesten Motiven begangen wurden, sind Seelen, die so würdig und ehrbar sind, wie wir es sind, nach der Bündnisphilosophie. Vom Standpunkt des Bündnisses aus, welcher die Schöpfung als ein sich vereinigendes Ganzes versteht, sind die Handlungen von Menschen, egal wie gemein, blass gegenüber ihrem einzigartigen Wert auf der Seelen-Ebene. Das Mitgefühl, das auf dem erhöhten SPIELBRETT regiert, sieht geradewegs durch unsere Fehler und Torheiten hindurch und findet dieses „Stück des Einen" wie Joshiah[18] es nennt, das alle Wesen sind.

Während Urteil auf dem flachen Spielbrett logisch und notwendig ist, hat es daher keinen Wert auf dem erhöhten SPIELBRETT. Tatsächlich neigt es dazu, uns im Weg zu stehen. Wenn wir uns gegenseitig verurteilen, neigen wir dazu, das oranger Strahl-Zentrum einzuengen oder sogar zu blockieren.

Wenn wir mit einer Person umgehen müssen, deren Schwingungen wir nicht mögen, gibt es ein paar einfache Techniken, die unsere eigenen Energiekörper verwenden, um einen sicheren Raum für uns zu schaffen.

Erstens, falls wir es mit einem rüden Angestellten oder aufdringlichen Bekannten zu tun haben, und wir uns unter Druck gesetzt und unwohl fühlen, können wir uns einfach einen Moment zur psychischen Selbstverteidigung nehmen. Wir können vorgeben, unsere Haare zu richten. Mit einer freien Hand können wir über unseren ganzen Kopf streichen. Dann können wir die Fusseln von unseren Schultern abstreifen. Und unsere Hände den Körper entlang hinunterstreichen, als ob wir die Art und Weise richten, wie unsere Kleider hängen. Soeben haben wir unsere Auren gereinigt und erfrischt. Denken sie daran, während sie dies

---

[18] Joshiah ist eine Quelle, die von Bub Hill gechannelt wird. Die Web-Quelle für diese Arbeit ist www.joshiah.com. Zusätzlich zu einem gedruckten Buch, *Conscious Creation*, veröffentlicht von Hill 2007, gibt es CDs und MP3-Dateien per Email, die von den nichteditierten Sitzungen zur Verfügung stehen.

tun, die Energie, die wir nicht wertschätzen, zu bitten, den persönlichen Raum unserer Auren zu verlassen.

Nun, während wir fortgesetzt die Kraft unseres Energiekörpers nutzen, können wir unsere Füße oder Knöchel zusammenbringen und unsere Hände falten, um so die Kreisläufe unserer beiden Hände und beiden Füße zu schließen. Das ist viel einfacher zu tun, wenn man sitzt, aber selbst stehend können wir die Stromkreise unseres Energiekörpers mit diesen Mitteln unauffällig und effektiv schließen.

Wenn wir diesen Stromkreis geschlossen haben, haben wir für uns selbst einen sicheren Ort geschaffen. Wir haben unseren psychischen Raum definiert und wir haben uns vor den toxischen Schwingungen geschützt, von denen wir empfinden, dass sie von der anderen Person kommen.

Und wir haben das getan, ohne uns einen Moment von ihr in unseren Herzen zu trennen. Wir fahren fort, ihren Wert auf der Seelen-Ebene zu sehen. Wir nehmen uns selbst an, indem wir mit der psychischen Selbstverteidigung Grenzen setzen. Wir ehren Liebe selbst, indem wir die Einheit von uns selbst mit allen Anderen auf der tieferen, spirituellen Ebene sehen.

Falls wir eine persönliche Beziehung haben, die wirklich nahe ist, wie die eines guten Freundes oder Partners, werden wir irgendwann feststellen, dass es Dinge an der anderen Person gibt, die uns stören. Vielleicht ist es die Art, wie sie ihr Essen kaut. Vielleicht ist es ein bestimmter Ton in seiner Stimme, der uns auf die Nerven aufreibt. Was immer der Grund ist, wir empfinden uns irrational verärgert durch diese kleinen Dinge.

In solchen Fällen ist es hilfreich, so zu tun, als ob man genießt, was wir nicht genießen. Eine große Menge der Emotionen, die wir empfinden, wird von uns selbst erschaffen. Falls wir handeln, als ob wir etwas oder jemanden lieben, können wir die Gewohnheit erschaffen, dies zu tun.

Ich erinnere mich an meinen ersten Job als Bibliothekarin an der Speed Scientific School, der Ingenieursschule der Universität von Louisville. Ich war 22 Jahre alt. Meine Chefin war die Frau, welche die Ingenieurs- und technische Bibliothek dort 1941 gegründet hatte, zwei Jahre bevor ich geboren wurde. Seit jeher hatte sie dort regiert. Ich wurde 1965 angestellt und war ihre erste Assistentin. Sie hatte keine Vorstellung davon, wie sie mit mir umgehen sollte. Zuerst war jeder Tag, an dem ich für sie arbeitete, Folter. Und ich wusste, dass ich ein Jahr bleiben musste, um mir eine fachliche Anerkennung zu verdienen. Dieses vor mir liegende Jahr türmte sich lang und schwierig vor mir auf. Dann entwickelte ich den Plan, so zu handeln, als ob ich sie sehr liebte.

Ich nahm das Projekt an, Wege zu finden, um sie zum Lächeln zu bringen und zu ermöglichen, dass sie gelassener werden kann. Ich begann sie „Chief" zu nennen, ein Begriff, der in der damals populären TV-Sitcom „Get Smart" verwendet wurde. Egal was für idiotische Aufgaben sie für mich erfand, und sie war eine Meisterin darin, wirkliche Hammer zu finden, ich würde ihr munteres Grinsen zurückgeben und sagen: „Right, Chief." Das liebte sie.

Innerhalb eines Monats konnte ich sie vollständig lieben, so wie sie war. Was als reine Fiktion begonnen hatte, wurde wahr. Der Grund dafür ist, dass wenn SPIELENDE Liebe aufrufen, dann fließt die Liebe, und die Liebe lehrt. Das Lieben müssen wir nicht tun. Wir müssen nur den Fluss von Liebe beginnen, indem wir beschließen, so zu handeln, als ob wir lieben.

Es ist gerade so, wie wenn wir absichtlich lächeln, anstatt dass wir es meinen. Das Nach-Oben-Wenden dieser Gesichtsmuskeln verändert tatsächlich die Chemie unseres Körpers, und das Lächeln hört auf, mechanisch zu sein, und wird ein wahres Lächeln, wenn wir es lassen.

Liebe zeigte mir, warum sie sich so idiotisch verhielt. Liebe öffnete mich für ihre Ängste und ihre tiefen Gefühle der Unzulänglichkeit und Unwürdigkeit. Mein Herz ging hinaus zu ihr und sie konnte das fühlen. Indem ich sie akzeptierte, wie sie war, wurde ich zu ihrer Verteidigerin und Helferin.

Wir beendeten unser gemeinsames Jahr mit einer idealen Beziehung. Und in diesem Jahr lehrte sie mich der ganzen Länge nach das Handwerk, eine Bibliothek zu betreiben. Ich konnte zu einem Job übergehen, wo ich meine eigene Schulbücherei in einem Privatgymnasium hatte. Meine alte Chefin hatte mir die Fähigkeiten gegeben, die ich benötigte, um diese Arbeit zu tun. Es war ein Traumjob für solch eine junge Frau und ich liebte es, meinen eigenen „Laden" zu haben.

Die Gewohnheit der Liebe ist wie jede andere Gewohnheit. Stimmen aus der Psychologie sagen uns, dass es ungefähr drei Wochen dauert, um eine Gewohnheit zu formen. Und es benötigt ungefähr diese Länge von Zeit für uns, um mit einer Gewohnheit zu brechen oder sie zu einer anderen Gewohnheit zu verändern. Als SPIELENDE sind wir in der Tat weise und rufen Liebe auf und entspannen diese ärgerlichen Themen, die wir mit unseren Freunden oder Partnern haben. Wir werden schnell feststellen, dass wir lächeln, wenn er sein Essen kaut, denn das ist seine kleine Eigenart und nur er macht es auf diese Weise. Wenn wir den grellen Ton in der Stimme hören, werden wir grinsen und anerkennen, dass wir diesen „barbarischen Aufschrei"[19] überall heraushören würden.

Diese kleinen Angelegenheiten sind auf dem flachen Spielbrett unbedeutend, weil Beziehungen auf dem flachen Spielbrett darum gehen, Sex zu bekommen, Freunde zu haben, eine brauchbare Partnerschaft zu führen oder irgendein weltliches Bedürfnis zu erfüllen.

Die gleichen Angelegenheiten sind auf dem kosmischen SPIELBRETT sehr bedeutend. Denn wenn wir verärgert sind, irritiert oder auf andere Weise in unserem emotionalen Selbst aufgebracht, werden unsere Energiekörper im orangen Strahl eingeengt. Er mag sogar vollständig blockiert werden, falls wir wirklich, wirklich verärgert sind. Solches emotionale Durcheinander raubt uns sowohl unsere persönliche Kraft als auch unseren inneren Frieden. Unter dem Einfluss von solch negativen Gefühle ist es nicht wahrscheinlich, dass wir in der Lage sind, beständig Dienst-an-Anderen-Entscheidungen zu treffen, wenn wir

---

[19] Walt Whitman verwendete diesen Ausdruck in seinem umfangreichen Gedicht *Song of Myself*, Abschnitt 52: „I sound my barbaric yawp over the roofs of the world." („Ich lasse meinen barbarischen Aufschrei über die Dächer der Welt erklingen.")

mit Menschen umgehen, die uns aufbringen. Wir kegeln uns selbst vom erhöhten SPIELBRETT, wenn wir keine guten, positiven Entscheidungen treffen können.

Muhammad Ali und Howard Cosell sind zwei Menschen, über die es sich lohnt nachzudenken, wenn man mit irritierenden Menschen umgeht. Boxen ist ein blutiger Sport und Ali war in seiner Jugend ein großmäuliger Charakter, voller Attitüde. Das verärgerte Sportberichterstatter wie Howard Cosell. Und Cosell konnte ebenfalls großmäulig und unsensibel sein. Doch Ali und Cosell wurden im Laufe der Jahre Freunde, da jeder von ihnen Wege fand, den Anderen zu ehren und zu respektieren, während sie sich verbal weiterhin in perfekter gegenseitiger Harmonie und Respekt zankten.

Wenn wir uns an unsere Beziehungen mit Anderen vom Standpunkt des Dienstes an Anderen aus annähern, neigen solche emotionalen Verwirrungen dazu, sich selbst heraus zu glätten. Wir können uns an allen Arten von Menschen so viel besser erfreuen, wenn unser erste Gedanke einer des Dienstes ist. „Fragt nicht, was euer Land für euch tun kann. Fragt, was ihr für euer Land tun könnt", sagte John F. Kennedy. Der Bündnis-Ratschlag ist ähnlich. „Frag nicht, was das andere Selbst für dich tun kann. Frage, was du für das andere Selbst tun kannst." In der Polarisierung zum Positiven ist Anderen zu helfen uns selbst zu helfen. Und wir werden Brot finden, das hundertfach auf den Wassern zu uns zurückkommt, weil Liebe sich in Liebe reflektiert.

Ablenkungen von oranger Strahl-Beziehungen

In einem negativen Sinn können viele der Geräte unter euch Menschen, das heißt, was ihr eure Kommunikationsgeräte und andere Ablenkungen nennt, wie eure weniger kompetitiven Spiele, als die Verzerrung enthaltend angesehen werden, den Geist/Körper/Seele-Komplex nicht-aktiviert zu halten, so dass Aktivität des gelben und orangen Strahls sehr geschwächt ist und

45

> *die Möglichkeit einer späteren Aktivierung des grünen Strahls allmählich vermindert wird.*[20]

Oranger Strahl-Beziehungen sind ein substanzieller Teil des Mahlgutes für unsere metaphysischen Mühlen. Es leuchtet ein, dass unsere Mühle auf eine feine Weise mahlt, und was in ihrem Werk zerkaut wird, stört unsere Gefühle. Aus diesem Grund ist es oft unangenehm, innerhalb einer Beziehung zu arbeiten, sowohl mit uns selbst als auch mit einer anderen Person.

Oftmals, wenn wir ehrlich werden, wird das, was wir uns gegenseitig sagen müssen, für das andere Selbst schmerzvoll zu hören sein. Und doch benötigen Beziehungen eine Ehrlichkeit, die tief genug ist, um das spirituelle Wachsen beider Partner zu ermöglichen. Daher müssen wir unsere scheinende Wahrheit im Verlauf unserer Beziehungen mitteilen, um unseren orangen Strahl offen zu halten.

Wenn einmal eine gewisse Menge von Vertrauen in einer Beziehung erzeugt wurde, werden diese Zeiten von notwendiger Kommunikation einfacher. Aber das Unangenehme daran, über schmerzvolle Gefühle sprechen zu müssen, geht niemals wirklich weg.

Ist es dann wirklich ein Wunder, dass wir Zuflucht in Freizeitbeschäftigungen suchen, die keine „Quality-Time"[21] zusammen beinhalten?

Vor vielen Jahren hatte Sammy Davis Jr. eine Interview-Show im Fernsehen. Eines Abends sah ich ihn, wie er Steve Lawrence und Eydie Gorme interviewte. Dieses Paar, beide populäre Vokalisten, hatte sich in einer Fernseh-Show getroffen, wo sie beide zu Gast waren. Sie verliebten sich, heirateten und zogen eine Familie zusammen groß. Sie gingen auch zusammen als Künstlerpaar weiter auf Tour.

---

[20] Ra gechannelt durch L/L Research am 27. Februar 1981 (Sitzung 34, Frage 12).

[21] Mit diesem Begriff wird ein Zeitraum beschrieben, den wir mit Aktivitäten und Zuständen einer „hohen Qualität" füllen können, die uns (auch) auf eine tiefere Weise erfüllen.

Sammy fragte Eydie, was das Geheimnis ihrer langen und glücklichen Ehe war. Eydie antwortete, in perfekter Ehrlichkeit: „Wir versuchen niemals, eine wirklich bedeutungsvolle Unterhaltung zu führen, während wir unterwegs sind." Dass sie damit nicht erfolgreich umgehen können würden, wusste ich natürlich. Ich konnte sie sofort in einem Umkleideraum irgendwo sehen, wie sie ein Thema genau besprachen, das nicht warten konnte.

Wir finden oft Wege, um Beziehungen und der Arbeit, die sie verursachen, zu entfliehen. Wir lenken uns endlos mit Fernsehen ab, wenn wir zusammen sind. Da sind wir, zusammen und doch nicht zusammen. Wir schauen uns gemeinsam die gleiche Sache an, aber wir sind nicht wirklich „mit" einander. Die Fernseh-Shows halten uns davon ab, persönliche Beziehungen zu führen.

Oder wir müssen uns um unsere Kinder kümmern. Wir wählen den Fernsehkanal als den wahren Babysitter aus. Wo wir lange Spaziergänge unternehmen, und die endlosen Fragen unserer Jüngsten beantworten, zur Bibliothek gehen, die Enten füttern oder was immer eine direkte Beziehung mit unseren Kindern beinhaltet, tun könnten, drehen wir das Fernsehen an und finden eine Cartoon-Show, die sie schauen können. Indem wir uns dagegen entscheiden, eine direkte Beziehung mit unseren Kindern zu führen, erlauben wir, dass sie vom Fernseher großgezogen werden. Die Menschen, welche die Programme der Netzwerk-Kanäle gestalten, haben eine bestimmte Agenda für Kinder. Sie beinhaltet (die Förderung)[22] ihrer Fähigkeit Konsumierende zu sein und zu akzeptieren, dass es eine lohnende Bestrebung sei, einen endlosen Strom an neuen Spielzeugen zu kaufen, und ein System, das uns glücklich machen wird und seinen Preis wert ist. Und das lernen Kinder, auch wenn Spielzeuge niemanden von uns lange glücklich machen.

Wir mögen Aufgaben haben wie Rasenmähen, Unkraut jäten und Gärtnern im Allgemeinen. Das kann eine gute Gelegenheit für Kontemplation und Meditation sein. Falls wir jedoch einem iPod

---

[22] Einfügung d. Übers.

oder einem Ghettoblaster zuhören, statt den Vögeln, dem Wind und der Stille, haben wir diese Gelegenheit verpasst. Dann gibt es Computerspiele. Für viele Menschen ist freie Zeit gleich Computerspiel-Zeit. Es scheint eine gute Form der Freizeitbeschäftigung zu sein, da es entspannt. Und doch folgt aus exzessivem Spielen solcher Spiele, dass wir „out of tune[23]" mit dem geraten, was in uns selbst vorgeht, und noch mehr mit den wichtigen anderen Menschen in unseren Leben.

Um fortgesetzt die Macht von Regierungen und Kulturen auszunutzen zu können, ist es für negativ polarisierte Wesen die erste Sache, die passieren muss, dass positiv orientierte Menschen abgelenkt werden und aufhören, realen Ereignissen Aufmerksamkeit zu schenken. Die Massenmedien sind solche Mittel der Ablenkung. Und wir wählen sie allzu oft.

Wenn der Fernseher nicht nur angemacht wird, wenn man ein bestimmtes Programm schauen möchte, wird er wahrscheinlich angelassen, egal was gerade auf dem Schirm abgespielt werden mag. Dann wählen wir die beste Alternative aus, die es zu schauen gibt, anstatt die Weisheit zu haben, den Fernseher ganz auszuschalten und uns miteinander zu unterhalten oder in gemeinsamen Vorhaben zu beschäftigen.

Was ich selbst nicht tue, kann ich niemand anderem empfehlen, ohne scheinheilig zu sein, daher bitte ich Sie nicht, Ihren Fernseher oder iPod loszuwerden. Ich bitte nur uns alle, dass wir uns über unsere Verwendung von solchen Ablenkungen bewusst werden. Genießen Sie die Sendungen und die Musik, aber erinnern Sie sich daran die Zeit zu finden, um Ihre Beziehung mit Ihnen selbst und ebenso die Beziehungen Ihres Lebens zu pflegen.

Der Fehler, ein TV-Gucker oder Netz-Surfer oder Gamer zu sein, liegt nicht notwendigerweise darin, diese Aktivitäten zu tun. Einige der Spiele haben in und aus sich selbst heraus wenig oder keine negative Polarisierung. Solitaire zum Beispiel ist harmlos, aber kampforientierte Spiele, welche Gamer alle Zurückhaltung verlieren lassen den Abzug zu ziehen, sind sicherlich suggestiv für

---

[23] Verstimmt.

eine negative Polarisierung, da andere Menschen nur als Ziele
gesehen werden.

Der Fehler für SPIELENDE liegt darin zu erlauben, dass unsere
Chancen uns zu polarisieren und in Richtung Abschluss auf dem
SPIELBRETT wachsen, unbemerkt davongleiten. Nutze den Tag!
Wir tun als SPIELENDE gut daran, reale Zeit mit unseren
Beziehungen zu verbringen und sie wertzuschätzen.

Oranger Strahl-Sexualität

*Die Vorstöße des orangen und gelben Strahls, sexuellen Verkehr
zu haben, erschaffen zuerst eine Blockade, wenn nur ein Wesen in
diesem Bereich schwingt, was dazu führt, dass dieses Wesen einen
niemals endenden Appetit für diese Aktivität erfährt. Was diese
Schwingungsebenen suchen, ist grüner Strahl-Aktivität.*

*Es gibt die Möglichkeit zu Energieübertragungen im orangen oder
gelben Strahl; dies polarisiert zum Negativen: ein Wesen wird als
Objekt anstatt als Anderes-Selbst angesehen; das andere Wesen
sieht sich als der Plünderer oder Beherrscher der Situation.*[24]

In den Leben der meisten Menschen spielen sexuelle Beziehungen
eine große Rolle. Von den ersten Anzeichen unseres sexuellen
Verlangens an bis ins Grab hinein haben wir mit der richtigen
Verwendung unsere Sexualität zu tun. Unsere oranger Strahl-
Zentren das Drama unserer sexuellen Beziehungen hindurch klar
zu halten, ist essenziell für SPIELENDE auf dem erhöhten
SPIELBRETT.

Diese Arbeit kommt nicht auf natürliche oder einfache Weise für
SPIELENDE daher. Wir neigen dazu, wenig Vorstellungen davon
zu haben, wie wir unsere Seifen-Opern zu Sitcoms verändern und
sie aufhellen. Doch wenn die Dramen unseren orangen Strahl
verschließen, bleiben wir auf dem flachen Spielbrett stecken. Das
wollen wir nicht! Wir wollen, dass unsere orangen Chakren klar

---

[24] Ra gechannelt durch L/L Research in Sitzung 26 vom 17. Februar
1981.

und offen bleiben, damit Liebe/Licht des Schöpfers frei zum Herz durchfließen kann.

In oranger Strahl-Sexualität offen zu bleiben ist eine Herausforderung. Selten in diesen Tagen und Zeiten sind sowohl Männer als auch Frauen in der Lage gewesen, zur Entdeckung ihrer sexuellen Natur, auf eine Weise, die positiv ist, zu kommen. Sehr oft sind unsere sexuellen Erfahrungen belastet durch äußere Manipulation, Leistungsdruck und Vorfällen des emotionalen und körperlichen Missbrauchs. Falls Sie ein vollkommen normales Sexleben hatten, beglückwünsche ich Sie. Die meisten von uns hatten das nicht.

Die meisten jungen Männer stehen unter enormem Gruppenzwang zu „liefern". Vielleicht würden sie sich wünschen, nicht so zu handeln, falls sie der Angelegenheit ein tiefes Nachdenken schenken würden. Unsere Gesellschaft ermutigt nicht zu tiefem Nachdenken, zur Anpassung schon. Durch den Wunsch dazuzugehören, werden einige junge Männer zu Sexualstraftätern werden.

Ich, zum Beispiel, wurde von einer Gang von vier Jungs vergewaltigt, als ich kaum vier Jahre alt war. Ich hatte Glück, dass diese sieben- und achtjährigen Jungen noch keine Erektion bekommen konnten, daher wurde mein physischer Körper nicht penetriert. Ich wurde nicht ernsthaft verletzt. Ich hatte nur Schrammen, und die unangenehme Situation und Demütigung zu ertragen, mit allen vier Gliedmaßen an Brombeersträucher angebunden zu werden, um meinen Körper verfügbar zu machen. Nachdem sie fertig waren mich zu benutzen, löste einer der Jungen eine meiner Hände, während die Gruppe auf ihren Rädern davonfuhr. Ich wurde dann allein an dem kleinen Ort zurückgelassen, den die Jungen in den Büschen vorbereitet hatten. Während ich meine anderen Glieder mit meiner freien Hand von den Fesseln befreite, verkratzten mich die Büsche, an die ich angebunden worden war.

Aber auch wenn ich nicht auf eine körperliche Weise schwer verletzt wurde, erlitt ich erheblichen emotionalen Schaden. Ich wog weniger als 18 Kilogramm zu dieser Zeit und wurde von vier Jungen überwältigt, die alle größer waren als ich. Doch das hielt mich nicht davon ab, zu empfinden, dass ich irgendwie in der Lage hätte sein sollen, diese Katastrophe zu verhindern. Ich wusste, dass ich missbraucht worden war. Ich fühlte mich beschmutzt. Man hatte mir meine Kleider weggenommen, und auch meine Identität. Fast nackt musste ich nach Hause laufen, da ich nur meine Unterhose wiederfinden konnte. Ich war verloren und musste um Hilfe bitten, während ich in diesem beschämenden und entblößten Zustand war. Weil ich als Sexobjekt benutzt wurde, wurde ich auf eine verstörende und grobe Weise der sexuellen Gefühle von Männern bewusstgemacht, lange bevor ich als eine Frau sie hätte erleben sollen.

Aufgrund dieser Erfahrung war mein Selbstbild jahrelang verzerrt, bis weit in die Zeit der Grundschule hinein. Allmählich wuchs ich aus den toxischen Gefühlen heraus, die daher stammten, dass ich sexuell missbraucht worden war. Aber viele von uns behalten wegen solchem Missbrauch chronische Probleme mit oranger Strahl-Beziehungen lange ins Erwachsenenalter hinein zurück. Es benötigt oft willentliche und anhaltende Arbeit, um diese Art von vergrabenem sexuellem Schmerz und Trauma loszulassen.

Ich erwähne dieses Detail meiner Geschichte, weil ich glaube, dass sexueller Missbrauch viel weiter verbreitet ist, als es von der allgemeinen Öffentlichkeit in der Regel wahrgenommen wird. Ich will, dass diejenigen von uns, die von Familienmitgliedern, Freunden oder Fremden missbraucht wurden, anhand meiner Erfahrung Mut fassen. Wir können es schaffen, ehrlich mit den Gefühlen von Schuld und Scham umzugehen, die von diesen Invasionen auf unsere Körper und unsere Wesen stammen. Wir können vergeben. Wir können wieder heil werden.

Weniger massive Arten von sexuellem Missbrauch als eine gänzliche Vergewaltigung sind in unserer Gesellschaft heute ebenfalls weitverbreitet. Vergewaltigungen während einer Verabredung ist eine Alltäglichkeit in unserer Kultur. Viele junge Männer, die im orangen Strahl blockiert sind, empfinden, dass es ok ist, eine Frau unter Drogen zu setzen, um mit ihr Geschlechtsverkehr zu haben. Ihre Entschuldigung ist, dass die Frauen diesen Verkehr wirklich wollen, aber dass sie zu viel Angst

davor haben, was die Leute darüber sagen werden, dass sie
zustimmen ohne überwältigt werden.

Und sexuelle Beziehungen sind reich an verschiedenen Arten von
einvernehmlicher Manipulation und Kontrolle. Selbst in frühen
Jahren sind einige junge Männer es gewohnt, jungen Frauen zu
erzählen, dass sie sie lieben, um die Frauen zu überzeugen, Sex mit
ihnen zu haben. Oder sie drohen damit, die Frau zu verlassen, falls
sie die sexuelle Vereinigung mit ihnen verweigern, und sagen, dass
sie eine andere, gewilltere Partnerin finden können, falls die junge
Frau es ablehnt, ihren sexuellen Bedürfnissen zu entsprechen.

Und so geben junge Frauen oft nach, weil sie sich wünschen, ihre
Partner zufriedenzustellen und zu behalten. Diese jungen Frauen
sind oft zu jung, um mit körperlichem Verlangen umgehen zu
können, oder vielleicht sogar, um es zu fühlen. Sie mögen in der
Hoffnung zustimmen, Sex zu haben, um an ihrer Liebesbeziehung
festzuhalten. Diese Hoffnung wird meist enttäuscht. Wenn die
Eroberung durch den Mann einmal gemacht wurde, wird die Frau
üblicherweise verlassen. Er hat erobert. Das Spiel ist aus. Er geht
über zum nächsten Objekt seines sexuellen Raubzugs. Das stimmt
nicht für alle jungen Männer. Für viel zu viele ist es wahr. Und in
unserer Kultur wird sexueller Raub stillschweigend akzeptiert.

Wie können Frauen solche Behandlung nicht übelnehmen?
Entweder sie verübeln sie und vermeiden sexuelle Beziehungen,
und trennen sich so von vielen ihrer Gleichaltrigen, oder es läuft
daraus hinauf, dass sie akzeptieren, als Sex-Objekte gesehen und
benutzt zu werden.

Sie mögen sich sogar dazu entscheiden, selbst zu Sexualtäterinnen
zu werden und das dominante und aggressive Verhalten von
Männern nachzuahmen. In dieser Entscheidung liegt eine unechte
Freiheit. Nun empfindet die Frau, dass sie die Führung und
Kontrolle hat. Sie hat ihre Rolle von „Beute" zu „Jägerin"
geändert. Sie hat jedoch aus diesem Verhalten heraus so wenig
Hoffnung auf wahren sexuellen Energieaustausch wie ihre
männlichen Gegenparts. Das Herz-Chakra wird sich nicht öffnen,
während solche manipulativen Energie-Aufwendungen ablaufen.
All solche manipulativen Verhaltensformen polarisieren uns in

Dienst-am-Selbst und machen unsere gute Arbeit in der Polarisierung zu Dienst-an-Anderen zunichte. So ist der Zustand unserer heutigen Kultur. Die Kultur als Ganzes ist im orangen Strahl überaktiviert und blockiert. Das bedeutet, dass SPIELENDE, um ihre oranger Strahl-Energiezentren zu klären, mit einem stetigen Gegenwind aus der Alltags-„Matrix" konfrontiert sein werden.

Warum vergewaltigen einige der Männer unserer Gesellschaft Frauen? Was ist das für ein Impuls? Offensichtlich ist es nicht sexuelles Verlangen im roten Strahl. Diese Siebenjährigen, die mich vergewaltigten, waren zu jung für Lust. Sie waren jedoch nicht zu jung, um die Älteren in ihrem Umfeld darin zu imitieren, sich zu wünschen, Macht über Andere zu erreichen. Bei Vergewaltigung geht es darum, Anderen seinen Willen aufzuzwingen, nicht um sexuelles Verlangen.

Schauen Sie sich nochmals das obige Zitat von Ra an. Sie sagen: „Die Vorstöße des orangen (und gelben Strahls), sexuellen Verkehr zu haben, erschaffen zuerst eine Blockade, wenn nur ein Wesen in diesem Bereich schwingt, was dazu führt, dass dieses Wesen einen niemals endenden Appetit für diese Aktivität erfährt."

Als wir die sexuelle Dynamik im roten Strahl zwischen Männern und Frauen betrachtet haben, haben wir gesehen, dass einige Spezies von männlichen Großaffen sich instinktiv frei innerhalb der weiblichen Mitglieder ihres Clans paaren werden. Die weiblichen Großaffen dieser Arten folgen andererseits dem Instinkt, sich treu mit einem starken Männchen zu verbinden, der sich um sie kümmern wird, wenn sie Kinder hat.

Wir sind aufgrund unseres menschlichen Wesens mehr als Großaffen, und viele reife, menschliche Männer werden sich dafür entscheiden, mit einer Frau in einer treuen, lebenslangen Partnerschaft verbunden zu sein. Der Raum für solches Verhalten ist in den Instinkten des Großaffen vorhanden. Aber der unreife, jugendliche Sexualtrieb, der ethisch nicht geschult wurde, ist, sich mit so vielen Frauen zu paaren wie möglich. Diese Situation birgt das Potenzial für sexuelle Aggression und Missbrauch.

In sexuellem Raub sind Zorn und Angst vergraben. Viele Männer sind vom göttlichen Weiblichen eingeschüchtert. Frauen sind Trägerinnen dieser heiligen Energie. Der passende, einladende Ausdruck der Komödiantin Judy Tenuta heißt: „Komm' näher zur Göttin." Ungeachtet ihres Akkordeonspiels und anderem Komiker-Chaos hat sie eine tiefe Wahrheit bekundet. Männer, die im orangen Strahl blockiert sind, wollen der Göttin nicht näher kommen! Das ist das fundamentale Problem, das sie im Umgang mit ihrer eigenen Sexualität haben. Jeder Instinkt in ihren unreifen emotionalen Naturen warnt sie vor der Kraft von Fraulichkeit. Solche Männer wollen ihre Distanz von dieser unheimlich kraftvollen Energie von weiblicher Sexualität und nährender Mutterliebe wahren.

Doch dieses Verlangen arbeitet direkt gegen ihren spirituellen Fortschritt an. Die Ra-Gruppe ist klar hinsichtlich dieses Punktes. Am 27. Februar 1981 sagten sie:

Die Aktivierung des grünen Strahls ist immer anfällig gegenüber dem gelben oder orangen Strahl des Besitzens, was hauptsächlich zum gelben Strahl gehört, aber oft in den orangen Strahl hineingeht. Angst vor Besitz, Wunsch nach Besitz, Angst davor, besessen zu werden, der Wunsch danach, besessen zu werden: Dies sind die Verzerrungen, die die Deaktivierung von Energieübertragung des grünen Strahls verursachen werden.[25]

Bemerken Sie das zentrale Wort hier: Angst. Angst ist, was das Beziehungs-Chakra verschließt.

Bis ein Mann in der Lage ist, sich durch die Energien von Beziehung zu bewegen, sowohl vor dem ausschließlichen Paaren oder einer Heirat als auch nachdem dieses Versprechen an eine Frau gegeben wurde, während er Angst-los seine Klarheit in Geist und Herz bewahrt, wird er dazu neigen, diese Göttin stillhalten zu wollen. Er wird wollen, dass sie fügsam ist und seine Führung nicht herausfordert. Das ist etwas, was Männer selten erwarten

---

[25] *Der Ra-Kontakt: Das Gesetz des Einen lehren*, Band I, Sitzung 32 Frage 14, telepathisch empfangen durch L/L Research.

können, zumindest in den Vereinigten Staaten von Amerika im 21.
Jahrhundert. Dennoch werden emotional unreife Männer es versuchen. Und
wenn sie, wie es unvermeidlich ist, erfolgreich daran scheitern, das
weibliche Andere-Selbst zu kontrollieren, beginnen sie einen
harten Knoten der Wut gegen Frauen im Allgemeinen zu bilden.
Söhne erben diese Einstellung von ihren Vätern. Denken Sie nicht,
dass diese Siebenjährigen den Einfall, mich zu vergewaltigen, von
sich aus bekommen hatten. Sie haben die Fantasien ihrer Väter
ausgespielt, indem sie ein kleines Mädchen missbrauchten, das
jedem vertraute.

Wenn wir auf die viel weniger extreme, aber sehr viel weiter
verbreitete, Situation blicken, fürchten sich Männer im
allgemeinen vor der Kraft der Frauen. Vor allem innerhalb der
„ein-Gott"-Kulturen von arabischen, jüdischen und christlichen
Gesellschaften misstrauen Männer der Gutheit von Frauen und
zweifeln daran.

Männer neigen dazu, ihre Mütter als „gut" anzusehen. Und wenn
Männer heiraten, schalten sie oft um, von sich zu ihren Frauen als
Frauen zu verhalten, zu sich zu ihren Frauen als Mütter zu
verhalten. Viele Männer nennen ihre Frauen häufig „Mama" oder
„Mami".

Muttersein verleiht Frauen eine Art permanente Jungfräulichkeit,
eine Madonnenhaftigkeit. Diese Rolle spricht Männer
normalerweise sexuell nicht an. Männer werden jedoch oft bei
ihren Frauen bleiben, selbst ohne sexuelles Interesse auf ihrer
Seite, falls sie damit zufriedengestellt werden, dass ihre Frauen
gute Mamas für sie und ihre Kinder sind.

Alle anderen Frauen neigen dazu, von solchen Männern,
zumindest unterbewusst, als Sexobjekte gesehen zu werden. Und
Sexobjekte besitzen keine Tugendhaftigkeit. Deswegen fühlen sich
Männer nicht verpflichtet, die Frauen zu respektieren, die sie
jagen. Der Wunsch, nach dem Herz von Weiblichkeit mit einer
Frau zu suchen, ist nicht da; auch nicht für eine Bewegung über
unsere kulturelle Konditionierung und Großaffen-Sexualinstinkte
hinaus.

Wenn Männer hier in Amerika in sexuellem Raub durch das Gesetz gefasst und vor Gericht gebracht werden, können sie der gesellschaftlichen Ahndung oft entkommen, weil sie in der Lage sind, eine Jury davon zu überzeugen, dass „sie darum gebeten hat". Und das passiert trotz dem, was eine offensichtliche Tatsache sein sollte, dass junge Frauen nicht vergewaltigt werden wollen und um nichts anderes bitten als die Anerkennung ihrer männlichen und weiblichen Gleichaltrigen in Bezug darauf, was sie anziehen und wie sie ihre Kosmetik, Piercings, Tattoos und Schmuck verwenden.

Und in einigen Gesellschaften, wo Männer erfolgreicher darin gewesen sind, Frauen zu Menschen zweiter Klasse zu machen als in den Vereinigten Staaten, haben die Männer in der Familie einer vergewaltigten Frau das Recht sie umzubringen, um Ehre der Familie zu sichern. Der Vergewaltiger wird nicht bestraft. Solche Kulturen hüllen ihre Frauen in schwere Roben ein und verstecken sie in Harems, um sie vor sich selbst zu beschützen. Die Mythen in diesen Kulturen lauten, dass Frauen schwach sind und nicht anders können als sündhaft zu sein.

Solche Glaubensformen und Verhaltensweisen sind in jeglichem rationalen Sinn bizarr. Sie sind Ausdruck der Tatsache, dass Männer sich in diesen Kulturen nicht in die Sexualität im grünen Strahl hineinbewegen wollen. Sie würden es bevorzugen, dass ihre Herzen nicht involviert sind. Sie fürchten sich davor besessen zu werden. Sie hätten gerne, dass Lust einfach und günstig zu haben ist, und nicht zu Verwicklungen führt. Sie haben keinen Wunsch, über roter Strahl- und unentwickelter oranger Strahl-Sexualität hinaus zu reifen.

Und ohne ihren Gefühlen zu ermöglichen, zu einer Ansicht von Sexualität zu reifen, die darauf abzielt, eine besondere Frau zu ihrer Partnerin und lebenslangen Begleiterin zu machen, bleiben sie mit endlosem Verlangen stecken. Sind überaktiviert und deshalb blockiert im orangen Strahl. Daher erhört sich ihr Verlangen fortgesetzt im Laufe ihrer sexuell aktiven Leben. Dieses Verlangen wird nie gestillt oder zu einem Ausdruck ihrer sexuellen Kraft konzentriert, der den Wunsch, Frauen zu kontrollieren oder zu manipulieren, erfolgreich verdrängt.

Auch Frauen arbeiten oft daran, Männer zu manipulieren und zu kontrollieren, normalerweise mit ihrer Schönheit oder durch emotionale Erpressung. Frauen wollen, dass Männer in die „zarte Falle" der Ehe fallen. Ihr Wunsch nach einem zu Hause und einer Familie ist genauso, wie er im Großaffenstadium war. Frauen halten Ausschau, instinktmäßig gesprochen, nach dem Alpha-Männchen, das für sie eine nette Höhle erhalten kann, in der sie ihre Jungen zur Welt bringen und großziehen können.

Wenn wir uns sexuelle Kraft anschauen, können wir „Mama-ismus" und „Papa-ismus" miteinschließen. Eine Mutter und ihr Sohn teilen eine spezielle Verbindung, welche unterschwellige Sexualität in sich trägt, aufgrund der Natur des menschlichen Wesens. Ein Vater und seine Tochter teilen die gleiche spezielle Verbindung mit sexuellen Obertönen.

Wir haben die Eltern besprochen, die ihre Kinder in äußerlich sexueller Weise missbrauchen. Lassen Sie uns auch die Erwähnung der Tatsache miteinschließen, dass eine manchmal sehr giftige Co-Abhängigkeit zwischen einem Mama-Jungen oder Papa-Mädchen und der Mama oder dem Papa besteht. Das kann seine Wurzeln in der Kraft von verbotenen, sexuellen Gefühlen haben und ohne Hilfe schwierig abzuschütteln sein. Solche übermäßig engen Beziehungen innerhalb der Geburtsfamilie sind oft die Ursache für die Zerstörung einer Ehe.

Falls jemand empfindet, dass er oder sie sich in solch einer Beziehung befinden kann, ist es eine gute Idee, persönliche Hilfe zu suchen. Der einfachste Weg, um zu beginnen, ist eine Schlagwort-Suche nach „Co-Abhängigkeit" zu machen. Eine giftige Co-Abhängigkeit dieser Art kann den orangen Strahl sehr schnell verschließen. Und es gibt Hilfe, online und in Gruppen in Ihrer Gegend.

Mit all dem vor Augen können wir sehen, dass es ein Wunder und in der Tat eine Segnung ist, wenn ein Mann und eine Frau in der Lage sind, einen sicheren sexuellen Ort füreinander zu schaffen. Auf dem flachen Spielbrett ist das sehr schwer zu erreichen. Ohne das Wunder von Liebe, das Männer und Frauen gleichermaßen inspiriert, einen höheren Weg zu erreichen, würden wir alle steckenbleiben.

Wie erreichen wir einen höheren Weg? In Teilen durch das Hinauszögern von sexueller Aktivität. Vielleicht aufgrund meiner frühen sexuellen Missbrauchserfahrung entschied ich mich, mich mit niemandem zu treffen, bis ich mich mit 17 verliebte. Indem ich mit niemanden ein „Date" hatte, bis ich mich verliebte, gab ich meinem Körper eine Chance, hinsichtlich meines Denkens und meiner Gefühle aufzuholen. Als ich mich zum ersten Mal hingab, im Alter von 19, geschah dies im äußersten Vertrauen zu meinem Verlobten. Meine Leidenschaft öffnete sich sehr natürlich. Ich fühlte mich wie eine schöne, blühende Blume.

Mein Verlobter war unstetig. Kurz nachdem er mir die Unberührtheit genommen hatte, verließ er mich. Ich muss ihm Punkte für Durchhaltevermögen geben: Wir waren über zwei Jahre verlobt gewesen, als ich mich ihm hingab. Er hielt durch, bis er meine mädchenhafte Zurückhaltung und Moralvorstellungen erobert hatte. Als er es geschafft hatte, das zu tun, floh er.

Seine Liebe für mich war in meiner Rolle als Jungfrau. Als er mir meine Jungfräulichkeit genommen hatte, verlor er jegliches sexuelles Interesse und beschwerte sich sogar, dass ich immer nur Liebe machen wollte. Er verließ mich später in diesem Sommer, gerade mal neun Tage vor unserem Hochzeitstermin. Er ließ mich schwanger zurück. Ich verlor das Kind vor dem Ende des zweiten Monats meiner Schwangerschaft. Ich trauere immer noch über den Verlust meines Babys. Über den Verlust meiner ersten Liebe trauere ich jedoch nicht.

Doch ich fühle mich ihm gegenüber dankbar. Indem er mich so umwarb, gab er mir das Geschenk meiner eigenen Leidenschaft. Auch wenn mein Herz für einige Jahre, nachdem er mich verlassen hatte, wie zerschlagen war, war meine sexuelle Natur am Leben und wohlauf. Bis zum heutigen Tag - und ich bin jetzt in den Sechzigern - genieße ich es, wenn ich das natürliche Aufsteigen der sexuellen Natur meines physischen Körpers spüre.

Heutzutage kommen junge Frauen schon während der Schulzeit unter Druck, sexuell aktiv zu werden. Junge Männer können Erektionen und Orgasmen erlangen, Jahre bevor junge Frauen üblicherweise die natürlich aufsteigende Leidenschaft haben, um in ähnlicher Weise darauf zu antworten. Die Kultur ist so, dass junge Männer starken Druck auf junge Frauen ausüben können, sexuell aktiv zu werden, lange bevor sie natürlich aufsteigende, sexuelle Gefühle haben. Missbrauch von Frauen ist in unsere gegenwärtigen, kulturellen Normen eingebaut. Und ich würde gerne junge Männer und Frauen dazu ermutigen, die Kraft über sich selbst zu bewahren, die es braucht, um dieser Kultur zu trotzen und zu frühem Sex Nein zu sagen.

Ich bin kein Mann und daher kann ich nur hoffen, zutreffend zu sein, wenn ich über Situationen von Männern schreibe. In meiner Beobachtung haben Männer nicht die natürliche Hemmnis im roten Strahl gegenüber Gelegenheitssex, wie Frauen sie routinemäßig haben. Sobald ihre Hormone einsetzen, scheinen sie bereit für sexuelle Beziehungen zu sein. Philip Roth schreibt treffend über diese männliche, jugendliche Periode der stürmischen Hormone in *Portnoy's Complaint*. Bei einigen Männern dauert diese Phase der zufälligen und generellen Versuche, jede(n) ins Bett zu bekommen, die oder der in Sichtweite ist, das ganze Leben lang. In diesem Stadium des emotionalen Reifungsprozesses zu verbleiben, hält viele Männer natürlich fest im flachen Spielbrett eingeschlossen.

Dieser gewohnheitsmäßige sexuelle Missbrauch durch Männer, ob in ihrer Einstellung oder in ihren Handlungen, erzeugt in vielen Frauen eine Dynamik aus Wut und Abscheu. Ich kann mich an eine Ratsuchende erinnern, die mir hinsichtlich eines Mannes, der versucht hatte, sie zu missbrauchen, sagte: „Das ist einfach, was Männer tun." In diesen Worten stecken schmerzliche Hoffnungslosigkeit und Verzweiflung. Eine Frau, die sich so fühlt, ist wahrscheinlich auch im orangen Strahl blockiert oder zumindest eingeengt.

Es gibt eine natürliche, spontane und organische Sexualität, die uns vom Schöpfer gegeben wurde. Es mag wie ein seltsamer Punkt aussehen, den man machen kann. Doch viele Frauen haben dieses spontane Gefühl der Erregung aufgrund des Auslösers des Zusammenseins mit ihrem Partner nie gefühlt. Für sie bleibt es für immer eine Angelegenheit von Machtspielen und Zugeständnissen auf dem flachen Spielbrett.

Mein Rat an alle jungen Menschen ist, herunter zu bremsen und zölibatär zu bleiben, bis sie die Partner gefunden haben, mit denen sie permanente Beziehungen bilden möchten. Das wird sie nicht populär machen oder „angesagt". Es wird jedoch ihre Energiekörper beschützen. Denn wenn wir Liebe machen, vermischen wir unsere Auren auf eine intime Weise. Um in einer solch intimen Situation geschützt zu bleiben, müssen wir unseren Partnern wirklich vertrauen und Respekt und Zuneigung für sie haben.

Wir können uns weiterentwickeln und sexuell reifen, falls wir die Zeit dafür einsetzen und ethisch weise Entscheidungen treffen möchten. Wir haben Vieles zu vergeben, wenn wir diese Arbeit im orangen Strahl tun. Wir müssen unserer Kultur vergeben, dafür, dass sie so geistlos ist. Wir müssen unseren Massenmedien vergeben, dass sie ständig sexuelle Darstellungen vor unseren Augen und Vorstellungen zur Schau stellen. Wir müssen uns selbst dafür vergeben, dass wir so sehr dazugehören wollen, dass wir es erwägen würden, weniger zu akzeptieren als einen Energie-Austausch im grünen Strahl. Und wir müssen jenen vergeben die, falls sie könnten, uns missbrauchen würden.

Vergebung ist der Schlüssel, um oranger Strahl zu klären. Die Ra-Gruppe empfiehlt, dass Vergebung die Trägheit von Handlung, was manchmal Karma genannt wird, stoppt.[26]

Es hilft enorm, sich an diese Wahrheit zu erinnern, damit wir unsere oranger Strahl-Chakren klarhalten können. Wir mögen uns nicht wünschen zu vergeben. Wir mögen uns wünschen, unsere Kante der Wut zu schleifen, bis sie scharf und brutal ist. Dieser Wunsch schließt uns jedoch auf dem flachen Spielbrett ein, außer wir sind negativ polarisiert. Wie bei einem chinesischen Fingerpuzzle lockt uns, die sich positiv zu polarisieren wünschen, Mangel an Vergebung in eine Falle. Er fesselt unsere Hände und unsere Fähigkeit zu handeln.

Die Philosophie des Bündnisses schlägt vor, dass Vergebung ein machtvolles Werkzeug für SPIELENDE ist. Sie empfehlen, dass

---

[26] Ra, gechannelt durch L/L Research am 4. März 1981.

*Ihr den Menschen oder den Situationen vergeben könnt, die
euch erdrücken. Die Kraft zu vergeben ist gewaltig.*[27]
Die Sache, an der man sich im Vergeben festhalten kann, ist, dass
die Menschen, die uns verletzen, meist nicht wissen, was sie tun.
In der Tat ist es fair zu sagen, dass niemand von uns die
Auswirkung unserer Handlungen in Beziehungen kennt, zumindest
die meiste Zeit über. Wir sind uns alle nicht unserer Kraft zu
verletzen und zu heilen bewusst. Vergebung zu praktizieren, von
uns selbst und von Anderen, mit denen wir eine Beziehung haben,
hilft uns, unsere Energiekörper klar zu halten, und lässt die Energie
durch uns hoch ins Herz hineinfließen.

Im Klarhalten, sexuell gesprochen, unserer oranger Strahl-
Energiezentren ist es gut, sich daran zu erinnern, dass wir nach
einem Partner suchen, der mit uns in Zuneigung, Respekt und
Liebe schwingt. Wir sind geübte SPIELENDE, wenn wir, in einem
Zustand völliger Unabhängigkeit des Geistes und des Herzens, auf
einen wahren Partner oder eine wahre Partnerin warten.

Oranger Strahl und Natur

*Der oranger Strahl-Körper ist der physische Körperkomplex.
Dieser Körperkomplex ist noch nicht der Körper, den ihr bewohnt,
sondern vielmehr der Körper, der ohne Selbst-Bewusstheit geformt
wird, der Körper im Mutterleib, bevor der Seele/Geist-Komplex
eintritt.*[28]

In der Arbeit, unsere oranger Strahl-Chakren klar zu halten, hilft
es, unsere physischen oranger Strahl-Körper zu verstehen. Ich habe
über diesen Großaffen-Körper gesprochen, seine Instinkte und wie
dieses Erbe unser Denken beeinflusst.

Aber es gibt ein größeres Thema hier. Unsere Körper sind Teil der
globalen oranger Strahl-Welt. Das ist die Welt der Pflanzen und
Tiere; die Welt der Natur. Falls wir unserem von Logik
angetriebenen Intellekt entkommen und unsere Körper einen Teil

---

[27] Q'uo, gechannelt von L/L Research am 15. Januar 2006.
[28] Ra, empfangen durch L/L Research am 18. April 1981.

der natürlichen Welt sein lassen können, öffnen sich vielzählige Chancen für uns auf eine erhöhte Ausgeglichenheit. Wenn sich unsere Körper rhythmisch anfühlen, gelingt es uns oft schneller, Zeiten zu erkennen, in denen unsere Energiekörper nicht mit dem in Rhythmus sind, was gerade passiert. Viele von uns finden Freude daran, sich in der Natur sportlich zu betätigen. Vielleicht golfen wir, oder joggen oder gehen. Vielleicht fahren wir Rad oder schwimmen. Als Kind habe ich viele Sommer tanzend in der Natur verbracht, den Tanztechniken von Florence Fleming Noyes[29] folgend. Während ich barfüßig über den Tanzboden des Freiluft-Pavillons oder im Gras seiner umliegenden Grünflächen tanzte, entdeckte ich, wie ich die Rhythmen von Tieren, Bäumen, Sternen und allem Natürlichen von innen heraus ausdrückte. Ich fühlte mich völlig eins mit meiner Welt. Später in meinem Leben wurde Gärtnern zu meinem Weg, um mich sehr direkt und bewusst mit der Erde zu verbinden.

Auf welche Weise wir uns auch mit der natürlichen Welt verbinden, wir können sicher sein, dass dies zu tun für unsere Energiekörper sehr heilsam ist. Denn der oranger Strahl-Körper selbst behält ein vollständiges, wenn auch unbewusstes, Wissen von der Einheit von allen Dingen und der Harmonie von allen Teilen des Schöpfers bei.

Indigene Kulturen so wie die Indianer haben eine starke Bewusstheit von der Einheit und Wechselbeziehung aller Dinge. Sie haben Tier-Totems für ihre Stämme und jede Person hat auch ihre individuellen Totems. Diese Totems nehmen in den Leben der Männer und Frauen des Stammes die Rolle von geistigen Lotsen und Helfern ein. In einigen Systemen kann eine Person bis zu neun verschiedene Totems als geistige Begleiter haben. Normalerweise gibt es ein Haupt-Totem. Unsere Totems ausfindig zu machen kann uns helfen, uns in der instinktiven Welt von orangem Strahl zu erden.

---

[29] Um mehr über Noyes Rhythm zu erfahren, schreiben Sie der Noyes School of Rhythm in Shepherd's Nine, 245 Penfield Hill Road, Portland, CT 06480, oder rufen Sie unter 860-342-0328 an oder besuchen Sie ihre Webseite noyesrhythm.org.

Es ist sinnvoll sich mit diesem System zu verbinden, vor allem falls wir in Nordamerika leben, wo die Indianer über Tausende von Jahren in Harmonie und Symbiose mit dem Land gelebt haben, lange bevor wildernde Europäer ihnen die Freiheit raubten, das Land zu durchstreifen, und es für sich selbst einnahmen. Das Land ist lebendig und seine spirituellen Kräfte sind recht gewöhnt daran, mit Menschen zu kommunizieren.

Ich würde es stark empfehlen, dass SPIELENDE sich mit den schönen spirituellen Traditionen der Indianer vertraut machen, da ihre Harmonie mit der Natur ein leicht für uns zu erhaltendes Erbe ist. Sie haben uns viel zu erzählen über unsere Verbindung zu Mutter Erde, etwas, das die meisten von uns in unseren modernen, städtischen Leben weitgehend vergessen haben.

Um Ihre Totems zu erkennen, fragen Sie sich, welche Tiere Sie am häufigsten bemerken. Welche Tiere suchen Sie auf, wenn Sie in den Zoo gehen? Von welchen Tieren handeln Ihre Träume wiederholt? Welche Tiere sehen Sie immer wieder, wenn Sie durch Fernsehkanäle zappen? Vor welchen Tieren haben Sie auf irrationale Weise Angst? Solche Fragen werden Sie zu Ihren Totems führen.

Es ist eine interessante Übung, eine Stichwortsuche nach „Totem" zu machen oder ein Buch wie *Animal Totems: The Power and Prophecy of Your Animal Guides* von Millie Gemondo und Trish MacGregor zu lesen. Finden Sie ihre Toten-Tiere und sehen Sie, wie Indianer Ihr bestimmtes Totem mit Ihrem Naturell und den Themen Ihrer Lebenserfahrung verbinden.

Es tut uns auf der sehr tiefen Ebene, wo vielmehr wir dem Land gehören, als uns das Land gehört, gut, unsere Energiekörper in der oranger Strahl-Umwelt zu erden. Das zu tun, hilft unseren Energiekörpern klar zu bleiben.

Oranger Strahl-Verantwortlichkeit

Wenn ihr die Gelegenheit bekommt, innerhalb der Dichte auf eurer Sphäre zu inkarnieren, geht ihr zuerst durch den Vorgang, das Szenario oder das Drehbuch, sagen wir, für euren persönlichen

63

Film des Lebens zu erschaffen. Ihr wählt die Besetzung. Ihr wählt, wer Mutter, Vater, Frau, Liebhaber, Freund, Feind, und so weiter, spielen soll. **Ihr trefft mit diesen Wesen Vereinbarungen, nicht innerhalb der Erd-Ebene, sondern innerhalb der feineren Welt, welche dieses Instrument die inneren Ebenen nennt.**

Egal wie schwierig die Beziehungen scheinen oder wie viel Schmerz erfahren worden ist, es war Teil eurer eigenen Wahl. Es mag schwierig zu glauben oder zu verstehen sein, wie ihr euch wünschen könntet, zu wählen, von euch selbst zu verlangen, zu leiden, doch wir können nur sagen, dass wenn man außerhalb der Illusion ist, die ihr jetzt genießt, scheint es wie ein Kinderspiel - und eine gute Art, es zu spielen - zu sein, sich in das Meer von Verwirrung zu stürzen und in seinen Wassern zu schwimmen.[30]

Das Bündnis schlägt vor, dass wir für uns selbst die Tagesordnung für unsere Lebenszeiten aufstellen, bevor wir durch den Vorgang der Geburt in die Inkarnation kommen. Wir sind verantwortlich für die Situationen, mit denen wir von Tag zu Tag arbeiten. Für die Schwierigkeiten unseres Lebens können wir nicht irgendeiner Vertretung außerhalb von uns selbst die Schuld geben. Der Verdienst oder die Schuld bleiben sicher auf unseren eigenen Schultern. Wie Harry Truman sagte: „Auf meine Verantwortung."

Wir haben alle den Satz gehört: „Es ist Gottes Wille". wenn man von einem Verlust oder einer Schwierigkeit spricht, die jemand erlebt. Indem wir sagen, dass die Situation Gottes Wille ist, sind wir in der Lage zu vermeiden, dass wir uns für unsere Situation verantwortlich fühlen. Wir können uns selbst erzählen, dass wir Opfer sind und dass Gott uns zu Opfern gemacht hat.

Das ist jedoch nach den Bündnis-Informationen nicht, wie die Schöpfung funktioniert. Wir selbst wählen diese Verluste und Schwierigkeiten. Wir wollen die volle Bandbreite von Emotionen und Gefühlen innerhalb dieser Inkarnation erleben, hier in der hellen und lebendigen, emotionalen Landschaft von dritter Dichte.

Vor der Geburt, als wir diese Lebenszeit geplant haben, haben wir geplant, unsere Zeiten der Prüfung in dieser Inkarnation zu

---

[30] Q'uo, empfangen von L/L Research am 22. November 1995.

durchlaufen, um uns spirituell weiterzuentwickeln. Von außerhalb des inkarnierten Zustands, als wir uns als Seelen der Einheit aller Dinge und der Werthaftigkeit unsere Ziele, besser zu werden als wir waren, bewusst waren, waren wir erpicht darauf, herausfordernde Beziehungen und Themen in unsere Leben zu platzieren, die sich im Laufe unserer Inkarnationen wiederholen würden.

Wenn wir Herausforderungen in unseren Beziehungen mit uns selbst und Anderen haben, dann müssen wir als SPIELENDE diese Herausforderungen untersuchen. Wir müssen uns darüber klarwerden, was passiert und wie wir uns fühlen. Es hilft sich zu fragen: „Warum habe ich diesen Auslöser gewählt?"

Wir alle haben sich wiederholende Themen von Auslösern. Indem wir sie in unserer Lebenserfahrung ausfindig machen, werden wir wesentlich weniger ängstlich, wenn sie wieder um die Ecke kommen, was sie sicherlich tun werden. Indem wir identifizieren, was uns dieser Katalyst fühlen lässt, können wir ableiten, was unsere fundamentale Lektion des Lebens ist, dieses Mal.

Wenn wir mit der Annahme beginnen, dass alles gut ist auf dem SPIELBRETT - egal, was das flache Spielbrett uns zu erzählen scheint - dann sind wir bereits auf halbem Weg in der Lage, Herausforderungen mit einer positiven Einstellung zu begegnen. Wir können sagen: „Oh, ja, wahrscheinlich muss ich gerade durch einen Test in diesem Inkarnationsthema." Wir leiden dann immer noch, aber wir wissen, was passiert und können positiv damit kooperieren. Wissen gibt uns Kraft und wir sind nicht länger Opfer, sondern SPIELENDE.

Wenn diejenigen, die uns nahe sind, uns scheinbar schlecht behandeln, dann ist es besonders wichtig, sich daran zu erinnern. Vielleicht haben sie es in der Tat getan; das passiert! Doch die Wahrscheinlichkeit ist hoch, dass wir eine Situation mit unseren verzerrten Wahrnehmungen gefärbt haben, bis zu dem Punkt, an dem wir missverstanden haben, was sie sagten, und ziemlich sicher, was ihre Absichten waren.

Wenn wir etwas hören, das unsere Gefühle verletzt, dann müssen wir als SPIELENDE zurücktreten und es ablehnen, eine sofortige

Reaktion anzubieten. Stattdessen müssen wir das andere Selbst bitten, zu wiederholen, was er oder sie sagte. In den meisten Fällen haben wir, indem wir das tun, einfach einen nutzlosen Streit über nichts vermieden, weil wir feststellten, dass wir tatsächlich die Worte, den Tonfall oder Ausdruck einer anderen Person missverstanden hatten.

Hier ist ein gutes Beispiel aus meiner und meines Ehemanns Erfahrung dafür, wie das passieren kann. Mir geht es oft nicht gut und das ist seit meiner Geburt so gewesen. Ich habe immer versucht, darum herumzuarbeiten und hoffe immer, dass ich recht normal erscheine. Doch manchmal kann der Schmerz meine Gefühle kurzfristig überwältigen. Es mag sein, dass ich dann nicht anders ausschaue oder mich verhalte. Aber der Ausdruck meiner Schwingung leidet, wenn das roter Strahl-Chakra durch den Schmerz verengt wird.

Mein Ehemann Jim war in diesen Momenten üblicherweise besorgt, dass er meine Gefühle verletzt hatte. Er fragte nach und entdeckte wiederholt, dass meine schlechte Stimmung nicht wegen ihm war, überhaupt nicht, sondern wegen meines Körper-Dramas. Heutzutage, wenn er wahrnimmt, dass meine Schwingung nicht so ist, wie sie sich normalerweise anfühlt, fragt er mich, ob ich Schmerzen habe, anstatt ob er meine Gefühle verletzt habe. Das ermöglicht mir, die Situation anzuerkennen und wir können dann froh mit unseren Tagen weitermachen.

Jeder hat gute Tage und schlechte Tage, sozusagen; Zeiten, in denen wir mühelos im Fluss sind, und Zeiten, in denen sich uns dieser Fluss entzieht. Wenn die guten Zeiten mit uns sind, dann können wir uns freuen! Wenn wir auf harte Zeiten treffen, emotional gesprochen, müssen wir uns selbst auf recht bewusste Weise trösten und lieben und Mitgefühl für unseren Kummer haben.

Und wenn diejenigen um uns auf harte Zeiten treffen, müssen wir sie genauso bewusst trösten und lieben. Wir sind alle eins. Manchmal sind sie der „gute Sohn". Sie sind zu Hause bei ihrem Schöpfer und alles, was Seines ist, gehört ihnen. Aber manchmal sind sie der verlorene Sohn. Sie fühlen sich verlassen und zurückgestoßen und streben danach, zu einem Zuhause zurückzukehren, welches ihnen abhandengekommen ist. Diese Rollen sind zwei Seiten einer Münze: der Münze des authentisch gefühlten Lebens auf Planet Erde. Wenn wir finden, dass eine uns nahestehende Person heute ein verlorener Sohn ist, dann können wir auf jeden Fall die Wiedersehensfeier planen.

Wir werden es hilfreich finden, am Ende jeden Tages unsere Gedanken und Gefühle im Hinblick auf unsere Beziehungen zu untersuchen. Bewerten Sie diese Gedanken und Emotionen mit Mitgefühl. Gehen Sie in liebevollem Gedankenaustausch nach innen, um unsere Verzerrungen zu heilen und unsere oranger Strahl-Chakren zu klären.

Kapitel 6

Das gelber Strahl-Energiezentrum

Die Geburtsfamilie und gelber Strahl

Im gelber Strahl-Chakra bringt die Kultur, in der ihr jetzt weilt, wahrscheinlich jedem die Überreizungen und Wünsche nach Vermeidung zur bewussten Wahrnehmung, welche Teil der Beziehungen des Selbst sind, wie die Familien-Geburtsgruppe, die durch Heirat erzeugte Familiengruppe, die durch Arbeiten für einen Lebensunterhalt geschaffene Gruppe und so weiter.

Der Wert dieses Systems des Lernens, welches im Konzept von Familie, Clan und anderen Gruppen fest verbunden ist, kann nicht hoch genug geschätzt werden. In dieser Richtung können fortschrittliche Konzepte neue Wege des Sehens eröffnen, die in der Tat das gelber Strahl-Chakra auf eine solche Weise stärken und weiter öffnen, dass die Orientierung in Richtung des grüner Strahl-Zentrums und dieser gewaltigen Verschiebung an Energie, die kommen kann, wenn sich das Herz öffnet, verbessert werden kann.[31]

Das obige Zitat vom Bündnis betont „progressives Sehen" in Gruppenbeziehungen. Das Ziel dieses Sehens ist es, grüner Strahl-Liebe durch das Öffnen von gelbem Strahl zu entwickeln. Dieses Kapitel ist der Untersuchung dessen gewidmet, wie dieses fortschreitende Öffnen des gelben Strahls geschehen kann.

Im gelber Strahl-Chakra werden formalisierte Beziehungen wie unsere Geburtsfamilien, unsere Ehen und unsere Jobs bearbeitet. Sicherlich gibt es ideale, liebevolle Geburtsfamilien, eheliche Familien und Arbeitsfamilien. Unsere bestimmte Familie mag nicht unter ihnen sein! Das Bündnis bietet uns Vorschläge zu Möglichkeiten an, wie wir unsere Energiekörper am gelben Strahl

---

[31] Q'uo, gechannelt durch L/L Research am 19. Februar 2003.

offenhalten können. Das ist eine Herausforderung, wenn wir mit Familienverpflichtungen arbeiten, ob in unseren Geburtsfamilien oder unseren Ehen, die emotionale Reaktionen erzeugen, die dazu neigen, unsere Energiekörper zu verengen oder zu verschließen.

Dieser Bericht über die Denkweise des Bündnisses wird so angeboten, wie die außerirdischen Wesen die Informationen selbst darstellen. In Bezug darauf, den Energiekörper offenzuhalten, liegt diese Darstellung darin, die Herausforderungen der *Dichte der Wahl* anzuerkennen, welche die irdische Alltags-Welt ist, in der wir leben und Erfahrungen teilen, anstatt ein idealisiertes Bild dieser perfekten Welt zu zeichnen, das fast niemand von uns auf täglicher Basis erlebt.

Wenn wir unsere Erfahrungen mit unseren Familien anschauen, können wir sehen, warum die Bündnisinformationen sich auf die Herausforderungen konzentrieren, welche diese Erfahrungen darstellen. Die meisten von uns haben zumindest aufgrund dessen, was das Bündnis die „Ehre/Pflichten" des Pflegens dieser Beziehungen in formalen Gruppen nennt, etwas Probleme im Umgang mit unseren Familien.

Dieser Begriff „Ehre/Pflicht" ist hilfreich für uns SPIELENDE, da er uns die Dynamik gibt, welche das Bündnis in gelber Strahl-Beziehungen sieht. Es steht außer Frage, dass Familienpflichten ganz irdische Aufgaben sind, die erledigt werden müssen. Gleichzeitig stellt das Bündnis, indem diese Terminologie verwendet wird, hervor, dass jede Pflicht auch eine Ehre ist.

Das hilft uns zu verstehen, warum diese formalisierten Beziehungen einen schnellen Weg der spirituellen Suche für SPIELENDE bieten. Wenn Menschen über längere Zeit täglich zusammen leben oder arbeiten, verhält sich die Familie wie ein Spiegelhaus. Familiäre Interaktionen können uns verurteilend empfinden lassen bezüglich eines anderen Familienmitglieds. Diese Verurteilung zeigt uns unsere Schattenseite.

Wir sind nur über die Dinge, die Andere uns antun verärgert, wenn es auch Themen sind, die wir nicht in uns selbst entwickelt und erlöst haben. Familienmitglieder bieten uns so Auslöser an, die uns ermöglichen, diesen Themen zu begegnen und sie zu lösen. Und wir werden sie nicht lösen, bis wir sie, so wie sie sind, lieben können. Weil wir eins sind, fordern solche Auslöser auch von uns, dass wir diese Themen unserer eigenen dunklen Seite anerkennen und bearbeiten. Dies bringt uns schnelleren Fortschritt, als wir ihn sonst erreichen würden.

Das passiert zu einem gewissen Grad in jeder Beziehung, die über den ersten Rausch des Vorgebens hinausgeht und einen Zustand erreicht, in dem man ehrlich und echt miteinander umgeht. Aber aufgrund der Familiarität, die wir im Laufe der Jahre mit Familienmitgliedern entwickeln, können dauerhafte Beziehungen unsere Energiezentren viel leichter durcheinanderbringen als vorübergehende Launen und Bekanntschaften.

Manchmal können solche Beziehungen toxisch werden. Familiarität kann zu Über-Familiarität werden. Wir können es für selbstverständlich halten, dass wir da sind. Wir können manchmal hinabsteigen in das Genießen von kleinlichem Jammern und Schwelgen in chronisch schnippischem Verhalten. In vielen Familien, ob zu Hause, auf der Arbeit oder dem Spielfeld, beinhalten die Dynamiken, die sich zwischen den Familienmitgliedern entwickeln, auch gewohnheitsmäßiges Mobbing oder die Manipulation eines Familienmitglieds durch ein anderes.

Diese Mobbing-Muster entwickeln sich üblicherweise auf unbewusste Weise. Das gelber Strahl-Zentrum wird blockiert, ohne dass wir je beabsichtigen an Polarität zu verlieren oder vom erhöhten SPIELBRETT zu fallen.

Es gibt in unseren Familien so viele Arten, weniger als liebevoll zu sein, wie es Menschen auf der Welt gibt. Jede Situation ist einzigartig. Doch es gibt Muster, die einigermaßen wahr bleiben. Lassen Sie uns daher, um anstatt in allgemeinen Begriffen über typische Bereiche von Dysfunktionalität in Geburtsfamilien zu sprechen, ein Beispiel dieser Art von Muster anschauen, aus meiner eigenen Erfahrung heraus genommen. Das sollte uns zeigen, mit welcher Art von Themen wir im gelber Strahl-Chakra mit der Geburtsfamilie arbeiten. Und da beide meine geliebten Eltern durch die Tore des größeren Lebens gegangen sind, wird es ihnen nichts ausmachen, dass ich ihre Geschichte verwende.

Meine Eltern waren nicht froh, in eine Ehe hineingezwungen zu werden. Mum und Dad waren gleichermaßen verärgert, darin gefangen zu sein, als sich mich auf die Welt brachten. Mein Vater war zu dieser Zeit 26, während meine Mutter 20 war.

Sie trafen sich zu Kriegszeiten, 1942. Papa war ein Jazz-Schlagzeuger, der in einer Air-Force-Band spielte und Mama diente als Sängerin und Tänzerin bei der USO[32]. Ein zufälliges Treffen bei einer Kundgebung mit anschließendem Picknick führten zu ihrer impulsiven Romanze, und ich wurde gezeugt. Die ausgearbeiteten Pläne meines Dads, nach seinem Aufenthalt beim Militär mit einer Big Band auf Tour zu gehen, und Mamas Pläne, ihre vielversprechende Karriere als Dave Garroways Assistentin in der „Today"-Show zu verfolgen, die damals in Chicago im Radio lief, gingen in Rauch auf. Meine Ankunft veränderte ihre Leben dauerhaft.

Verärgerung und Ressentiments können auf viele Weisen ausgedrückt werden, die sich nicht offen zeigen. Mein Vater hatte einen lebhaften Intellekt, war ein ausgebildeter Ingenieur und liebte es zu debattieren. Diese Eigenschaft zu akzeptieren war für Menschen im Allgemeinen etwas herausfordernd. Meine Mutter war keine Ausnahme. Sie mochte es nicht, zu debattieren. Ihr gleichermaßen lebendiger Geist widmete sich mehr der Intuition und Einsicht als dem Debattieren und anderen intellektuellen Spielchen. Sie war die Gelehrte und Studierende des Paares. Ihr Geist war mit einem nicht endenden Vorrat an Anekdoten, historischen Details und literarischer Beobachtung ausgestattet. Sie war gut in der Lage, sich zu behaupten, wenn es darum ging einen Punkt zu machen. Sie zog es einfach vor, keine Punkte zu machen, und sich mit Kreativität, Spontaneität und Begeisterung zu unterhalten.

Eine Unterhaltung abends bei Tisch eskalierte oft in ein Anstacheln meiner Mutter durch meinen Vater, für ihre Meinung über Themen, die sie nicht aufbringen wollte. Mein Vater machte weiter und trieb sie langsam über den Punkt hinaus, bis zu dem sie sich beherrschen konnte. Dann brach sie in Hysterie aus und

---

[32] United Service Organizations.

verließ den Raum unter Tränen. Dad würde nur seinen Kopf schütteln.

Er sah nie, dass sein intellektuelles und „vernünftiges" Drangsalieren ein Zeichen für unterdrückte Wut ursprünglich darüber war, dass er in dieser Ehe gefangen war. Sie sah nie, dass ihre Verärgerung über sein Schikanieren in ihrer Verärgerung darüber wurzelte, verheiratet sein zu müssen.

Dieses Muster ging Jahr um Jahr weiter, während ich aufwuchs. Ich flüchtete vor den Streitereien, so oft ich konnte, indem ich in mein Zimmer ging, um Frieden zu finden, falls ich nicht zum Baby-Sitten gebraucht wurde. Die Beach Boys sagten es so gut:

Es gibt eine Welt, wohin ich gehen und ihr meine Geheimnisse erzählen kann,

In meinem Zimmer.

In dieser Welt sperre ich alle meine Sorgen und Ängste aus

In meinem Zimmer.

Mache mein Träumen und mein Planen,

Liege wach und bete,

Verrichte mein Weinen und mein Seufzen,

Lache über gestern

In meinem Zimmer.[33]

Hinsichtlich des Q'uo-Zitats zu Beginn dieses Abschnitts, wurde ich von dieser Disharmonie überreizt und suchte Vermeidung der Sache, indem ich in mein Zimmer ging. Dort konnte ich meine eigene Atmosphäre erschaffen, die Musik anmachen, die ich bevorzugte, und meine eigenen Gedanken genießen. Ich konnte meinen Raum aufgeräumt halten. Es war wundervoll heilend.

In meiner Mutters mittleren Jahren wurde sie sich der Giftigkeit dieser drangsalierenden Muster bewusst. Sie brach den Fluch, indem sie eine Standard-Antwort auf die Debatten-Eröffnungen

---

[33] „In my room" („In meinem Zimmer") wurde von Brian Wilson und Gary Usher geschrieben und als die B-Seite einer Single „Be True To Your School" 1963 veröffentlicht.

meines Papas formte. Sie hieß: „Du könntest Recht haben, Schatz." Sie lernte, so zu erscheinen, als ob sie sich darin betätigte, anstatt es abzulehnen zu antworten. Und weil sie Dad zustimmte, konnte er in keiner Richtung weitermachen. Es war keine perfekte Lösung, aber es hielt ihren Energiekörper im gelben Strahl klar.

Ich würde behaupten, dass mein Vater den Abschluss von dritter Dichte mit Bravour schaffte, als er starb. Er war eine sehr zu Dienst-an-Anderen polarisierte Person. Sein ganzes Leben lang engagierte er sich mit seiner Musik ehrenamtlich und spielte in einer Big Band, die jeden Monat kostenlose Tanzveranstaltungen in Altersheimen anbot. Er opferte seine aufblühende Karriere als Jazz-Schlagzeuger „on the road", um eine lebenslange Arbeit zum Lebensunterhalt als Chemie-Ingenieur anzunehmen, damit er seine Familie ernähren konnte. Er diente seinem Land freiwillig im 2. Weltkrieg. Im Ruhestand fuhr er ältere Menschen zu Arztterminen und brachte Essen auf Rädern zu ihnen. Allen ethischen Idealen seines Verständnisses war er treu, selbst wenn er dafür einen hohen Preis bezahlen musste. Er ging zur Kirche und hatte ein aktives Gebetsleben. Er war ein demütiger Mann. Und er liebte meine Mutter sein ganzes Leben über, so gut er konnte.

Er war kein Bösewicht. Unter der Kruste, die in der Weltwirtschaftskrise aufzuwachsen in ihm erschaffen hatte, war er gut, aufrichtig und liebevoll. Von fünf Jahren an arbeitete er stetig, indem er Zeitungen an Haustüren verkaufte, nicht um Geld für sich selbst zu verdienen, sondern um dabei zu helfen, Brot für seine Familie zu kaufen. Es hat seine Spuren hinterlassen. Diese Kruste hat ihn davon abgehalten, den Schaden zu sehen, den sein „Debattier"-Gen im familiären Muster anrichtete.

Am Ende seines Lebens sprach er mit mir darüber, was er über Mama empfand. Es war eine Offenbarung. Er war bei ihr geblieben, als die Dinge schwieriger wurden, sagte er, weil sie interessanter als irgendjemand anderes war, den er kannte. Er liebte es, mit ihr zu sprechen. Er konnte nie herausfinden, warum sie so leicht aufgebracht war!

Unser ganzes Familiensystem tendierte dazu, wegen Mum und Dads Streitereien Verteidigungsmuster zu erzeugen. Meine zwei Brüder und ich betätigten uns nicht in der Disharmonie, zum größten Teil. Ich, das älteste Kind und die Babysitterin, ging oft allein mit meinen Brüdern weg und machte Dinge mit ihnen. Zwischen uns Geschwister war die Stimmung friedlich und kooperativ. Falls einfache Vermeidung meine erste Methode war, um mit Familienangelegenheiten umgehen zu können, war das Erschaffen einer Sub-Familiengruppe, indem ich Aktivitäten für meine beiden jüngeren Brüder und mich plante, meine zweite. Sie funktionierte gut. Wir drei hatten alle eine wirklich gute Zeit zusammen, während wir aufwuchsen.

Hierin liegt der Schlüssel zu Familienbeziehungen: kreativ und proaktiv zu sein und die Energie verändern, indem man sich darauf konzentriert, die Gefühle von Liebe zu vergrößern, die da sind. Während wir Kinder unsere Eltern liebten und akzeptierten, wie sie waren, entschieden wir uns oft, eine harmonischere Umgebung für uns selbst zu schaffen. Wir bewegten unsere Energiekörper eher in einen freien und offenen Fluss hinein. Während wir hinsichtlich des Ärgers unserer Eltern nichts tun konnten, konnten wir uns dazu entscheiden, in einer friedvolleren Umgebung zu leben, und taten das auch. Da beide Eltern Vollzeit arbeiteten und zusätzlich abends häufig Auftritte hatten, waren wir recht frei, dies zu tun, dank der Babysitterin – mir.

Fast jede Geburtsfamilie verfügt über toxische Muster irgendeiner Art. Jede Familie ist anders, aber recht selten empfinden die Kinder einer Geburtsfamilie, dass ihre Kindheit einfach war, oder dass ihre emotionalen Bedürfnisse voll erfüllt wurden. Mit den Jahren wird sich jede Familie auf ausgefahrenen Gleisen bewegen, über die es angenehm zu fahren sein kann oder nicht. Deshalb empfiehlt das Bündnis für die Arbeit mit unseren Geburtsfamilien, dass wir etwas Zeit damit verbringen, ein Gefühl für die grundsätzlichen Dynamiken unseren Familien zu bekommen.

Wenn wir die wiederkehrenden Muster giftiger Interaktionen in unseren Familien ausgemacht haben, können wir Wege finden, die Muster zu verändern, oder zumindest Wege, um unsere Reaktionen auf das Betrachten dieser Muster zu verändern, während sie sich um uns herum entfalten. Diese emotionale Distanz befreit unsere Energie. Und als SPIELENDE auf dem SPIELBRETT ist das unser Ziel: unsere Energie im Fluss zu halten.

Da die Geburtsfamilie, nach dem Bündnis, von uns vor Geburt gewählt wird, können wir darauf vertrauen, dass wir am richtigen Ort sind, in Bezug darauf, dass diese Umgebung von uns dafür beabsichtigt wurde, die bestmögliche Situation für das Lernen unserer Inkarnationslektionen als Kinder zu sein. Wenn wir einmal das Erwachsenenalter erreicht haben, kann es die Arbeit von Jahren sein, unsere Abneigung gegen das ein oder andere Familienmitglied hinter uns zu lassen, aber es ist die Arbeit, die wir zu tun beabsichtigten, als wir hereinkamen. Wir müssen die Aufgabe annehmen und unsere Geburtsfamilien akzeptieren. Wir müssen unseren Frieden mit Geburtsfamilienmitgliedern schließen.

Bei meinen Eltern hatten meine Themen damit zu tun, dass sie die Familienverantwortung in meinen Händen ließen, damit sie mehr Zeit haben konnten, um ihre Ausbildung und karrierezentrierten und leistungsorientierten Ziele fördern. Meine Bemühungen wurden für selbstverständlich angesehen, während ich meine Kindheit hindurch schwer gearbeitet habe. Es war, als ob ich ein Elternteil von ihnen war statt andersherum.

Da Mama das Muttersein nicht genoss, machte sie keinen großen Wirbel um mich. Sie gab mir Aufgaben. Und während ich froh war, zu helfen, entwickelte ich auch eine tiefe Verärgerung über den Verlust meiner Kindheit. Mit sieben habe ich babygesittet, mit zehn gekocht und von „Spielen" hatte ich nie eine Vorstellung. Ich sehnte mich danach, im Zentrum ihrer Aufmerksamkeit zu sein. Ich war es nie.

Mit Papa lag mein Auslöser in seinem unendlichen Perfektionismus. Wann immer ich etwas schaffte, hatten seine Kommentare etwas damit zu tun, was mit meinem Ergebnis nicht stimmte. Er war nie zufrieden mit sich selbst, und gleichsam nie zufrieden mit mir. Wäre ich ein Stand-Up-Comedian gewesen, wäre er ein hartes Publikum gewesen!

Als Mama sich in ihrem mittleren Alter zur Abstinenz entschied, nach einem Abrutschen in Alkoholismus hinein, sah ich meine Gelegenheit, um mit ihr in Harmonie zu kommen. Da ich um ihre Liebe für Worte wusste und ihre Abneigung von Konfrontation, schlug ich vor, dass wir uns schreiben. Im Laufe eines halben Jahres tauschten wir vielleicht ein Dutzend Briefe miteinander aus.

Am Ende dieser Zeit waren unsere Schwierigkeiten zu unserer beiden Zufriedenheit gelöst. Sie war frei von Schuldgefühlen und ich war frei von Groll. Unsere letzten rund zwölf Jahre zusammen waren eine absolute Freude.

Mein Papa war eine schwieriger zu knackende Nuss. Doch als ich an einem Sonntagmorgen in der Kirche, 1978, darum betete, mit ihm in Harmonie zu kommen, erhielt ich einen Eindruck, dass ich ihn nach dem Gottesdienst an einem seltsamen Ort treffen sollte, der Kleiderkammer des Frauenchors. Ich ging hin, und er war da. Ich gestand ihm gegenüber ein, dass ich das Verlangen hatte, Differenzen beizulegen. Er hatte, natürlich, keine Ahnung davon, dass wir überhaupt Differenzen hatten.

Ich erzählte ihm, wie es mir das Herz brach, dass ich ihn nie zufriedenstellen konnte oder ihm gefallen. Ich war über meine Unfähigkeit, ihn zu erfreuen, wirklich verzweifelt. Als ich ihm das sagte, war er fassungslos: „Du bist die beste Tochter, die ein Mann haben könnte!" stieß er aus.

Und das ist alles, was ich hören musste. Bis zum Ende seines Lebens waren wir miteinander in Frieden. Am nächsten Valentinstag bekam ich eine Karte von ihm. Sie war handgemacht. Der Vers hieß

Rosen sind rot, Veilchen sind blau.

Papa liebt seine Tochter und ist froh, es bist du.

Große Dichtkunst? Nein! Eine Segnung für mein Herz? JA!

Ein weiteres Beispiel von Geburtsfamilien-Kummer in meiner eigenen Familie war zwischen meinem kleineren Bruder und mir. Ich war immer eine mystische, nicht-dogmatische Christin gewesen. Mein Bruder wurde während seiner Jahre an der High-School ein sehr dogmatischer, fundamentalistischer Christ. Er wurde überzeugt davon, dass meine Seele wegen meines Channelings in Gefahr wäre. 23 Jahre lang nutzte er jeden familiären Anlass als eine Gelegenheit, um mir einen Vortrag zu halten und zu versuchen, mich davon zu überzeugen, das Channeln aufzugeben.

Von meinem Standpunkt aus habe ich meinem Herrn insbesondere dadurch gedient, dass ich mich als ein Kanal anbot. Daher konnte ich ihm nicht entgegenkommen. Fast ein Vierteljahrhundert lang durchlebte ich diese schädlichen Unterhaltungen, ohne einen Streit vom Zaun zu brechen, auch wenn seine Meinungen mir das Herz brachen. Schließlich verstand ich, dass dies zu schmerzhaft war, um anzudauern. Ich sagte ihm, dass ich ihn zur Weihnachtszeit nicht besuchen würde, bis er mir versprechen könne, dass er nicht versuchen würde, mich zu verändern.

Ich sah meinen Bruder und seine Familie das nächste Weihnachten nicht. Fast zwei Jahre später bekam ich einen Anruf von meinem Bruder. In einem Gespräch mit einem jüdischen Freund, den er zu konvertieren versuchte, hatte ihn sein Freund gefragt: „Falls ich nie konvertiere, bin ich immer noch dein Freund?"

„Natürlich", sagte mein Bruder, „ich würde dich nie wegen einer anderen Meinung aus meinem Herzen verbannen."

Dann blitzte es ihm durch den Geist: Aber das kann ich nicht über meine eigene Schwester sagen! Er rief mich an und versprach, dass er nie wieder versuchen würde, mich zu ändern. Und das hat er nie mehr!

Unsere Beziehungen in der Geburtsfamilie dauern ein Leben lang. Als SPIELENDE ist es unser Ziel Liebe, Frieden und Verständnis in diese Beziehungen einfließen zu lassen und unsere Familienmitglieder großzügig für genau das zu verehren, was sie sind, und doch uns selbst auch zu würdigen, indem wir Grenzen setzen, wenn sie nötig sind, damit wir nicht zu Fußabtretern für Mobbing werden, egal wie gut gemeint die Absichten sein mögen.

Es gibt einige Familien, deren Niveau an Dysfunktion so hoch ist, dass wir uns möglicherweise vollständig von ihrem Einfluss zurückziehen müssen, zumindest für einige Zeit. Falls dies der Fall ist, müssen wir als SPIELENDE dies tun, ohne diese Menschen aus unseren Herzen auszuschließen. Wir können, physisch, weggehen, falls es sein muss, aber wir müssen von der Entfernung aus fortfahren, sie so gut zu lieben, wie wir können.

Ehe und gelber Strahl

> *Wir empfehlen, in der Alltäglichkeit einer verheirateten Beziehung, die kontinuierliche Rückkehr zu dem Ort der Ehe, wo sich zwei Seelen mit dem Schöpfer vereint haben, um den Tempel einer Lebenszeit an hingegebener und verantwortungsvoller Liebe zu erschaffen.*
>
> *Bewegt euch hinein in die Stille dieses Andachtsortes, der innerhalb des Herzens ist. Bewegt euch in diese miteinander geteilte Stille hinein, in der jeder den Schöpfer sprechen hören kann.*
>
> *Lasst Liebe das sein, was sie ist, aber ermöglicht einer Liebe, die ihr nicht kennt, das zu stärken und zu unterstützen, was ihr jetzt als Liebe kennt.*[34]

Falls wir in dieser Lebenszeit geheiratet haben, haben wir vielleicht die gleichen, nebelhaften Erinnerungen an die Schönheit unseres Hochzeitstags. Ich habe besondere Empfindungen für mein schönes Kleid und meine Frisur, die Begleitung durch meine Brautjungfern und all die schönen Details eines solch glücklichen Tages. Neben dem energiegeladenen Auslöser der Entscheidung, ein Kind zu haben, ist die Entscheidung zu heiraten die stärkste gelber Strahl-Entscheidung, die wir in diesem Leben machen. Wir beabsichtigen mit unserem ganzen Herzen, dieses Versprechen der gegenseitigen Liebe, was auch immer geschieht, bis der Tod uns scheidet, zu unserer Realität zu machen.

Wieder werde ich meine eigenen Erfahrungen als ein Beispiel der Art von Themen verwenden, die uns in unseren verheirateten und ehe-ähnlichen Beziehungen begegnen.

Ich habe schöne Erinnerungen an beide meine Hochzeitstage, und weiß, wie echt meine Absicht war, als ich meine Gelübde sagte, beide Male!

Meine erste Ehe hielt nicht. Mein Motiv zu heiraten lag nicht in Liebe, sondern in Ehrgeiz. Mein erster Ehemann, Jim DeWitt, war

---

[34] Q'uo, gechannelt durch L/L Research am 21. September 2003.

ein talentierter Musiker und Folk-Sänger in der Zeit unserer High-School-Jahre. Nachdem wir drei Jahre lang zusammen als „Jim und Carla" Folksongs geübt und damit aufgetreten waren, waren wir reif für die große Bühne. Wir waren immer noch im College und jung, attraktiv und klangen sehr gut zusammen. Wir hatten 60 schöne, originale Lieder geschaffen und unsere Herzen waren voller Liebe und Licht, die wir mit der Welt teilen wollten. Jim war ein Mitglied der ursprünglichen Meditationsgruppe, die von Don Elkins 1962 gegründet wurde und er und ich teilten die hohen Ideale miteinander, die ich in diesem Buch bespreche. Unsere Absichten waren rein.

Als wir ein Angebot bekamen, mit Peter, Paul und Mary im Herbst 1964 auf Tour zu gehen, sagte Jim, dass es moralisch für ihn nicht akzeptabel wäre, dass wir zusammen reisten, wenn wir nicht heiraten würden. Und so stimmte ich der Hochzeit zu. Ich mochte Jim, und er mich. Doch ich war nicht auf romantische Weise in Liebe. Ich wollte einfach singen!

Sobald wir verheiratet waren, entschied Jim sich nach all dem dazu, nicht auf Tour zu gehen. Er spürte den heißen Atem des Ruhms und verfiel in Panik, als ein Autogrammjäger uns in einem lokalen Restaurant ansprach. Er hängte seine Gitarre und seine Auftrittskarriere für den Rest seines Lebens an den Nagel.

Da der offensichtliche Grund für meine erste Ehe völlig weggenommen war, entschied ich mich, mein Versprechen zu halten und weiterzugehen, indem ich mich auf die guten Dinge konzentrierte, die wir zusammen hatten. Ich war jedoch in der Tat erleichtert, als Jim mich 1968 um eine Scheidung bat. Wie Romy Schneider es in dem ehrenwürdigen Filmklassiker *Leih mir deinen Mann* über ihre Film-Ehen sagte: Es fühlte sich so gut an, als sie aufhörte!

Meine zweite Ehe war gar keine Ehe, sondern eine Verlobung. Don Elkins mochte die juristische Falle einer Ehe nicht, doch wünschte er sich meine Nähe. Ich verehrte Don. Und so sprangen wir gemeinsam „auf schottische Art über den Besen". 16 Jahre lang blieben wir zusammen, bis zu Dons Tod 1984. Auf ihre eigene Weise war es eine göttlich glückliche Nicht-Ehe.

Meine dritte „dauerhafte" Beziehung war meine zweite Ehe, mit meinem jetzigen Ehemann, Jim McCarty. Ich danke dem Herrn für das unglaubliche Glück, den besten Mann in der Welt gefunden zu haben. Ich liebe meinen Mick immer noch so sehr, dass ich nicht wirklich geradeausschauen kann, wenn ich in seiner Nähe bin. Unsere Ehe hat über zwanzig Jahre gehalten und ist immer noch stark. Gute Ehen sind möglich. Aber nicht unbedingt wahrscheinlich.

Die Ehe ist im 21. Jahrhundert nicht *die* dauerhafte, endgültige Entscheidung, die sie in der Vergangenheit nahezu war. Dauerhaftigkeit bleibt das Ideal. Aber es kommt zu keiner gesellschaftlichen Verurteilung mehr, wenn Ehen auseinandergehen. Mehr als die Hälfte der Menschen, die ihre Hochzeit planen und gegenseitige Gelübde ablegen, löst ihre Vereinigung innerhalb weniger Jahre wieder auf. Der Grund dafür wird klar, wenn es zu einer berühmten Scheidung wie die von Prinz Charles und Prinzessin Diana kommt.

Der Prinz heiratete nicht aus Liebe, sondern um Erben für seinen Familiennamen zu sichern. Als der „Thronfolger und Ersatz" gezeugt waren, lag es nicht mehr in Charles' Herzen, seiner Frau treu zu bleiben. Die Liebe seines Lebens, Camilla Parker-Bowles, hatte jemand anderen geheiratet. Er hatte jemand anderen geheiratet. Aber sie entschieden sich dennoch zusammen zu sein, zuerst diskret, und dann, dank moderner Technologie, sehr offen.

Wäre die Prinzessin älter und reifer gewesen, als die peinliche Handy-Unterhaltung zwischen Prinz Charles und Camilla öffentlich wurde, hätte sie sich wahrscheinlich dazu entschieden, die Liebesflucht des Prinzen zu ignorieren. Sicherlich hatte die königliche Familie gehofft, dass sie das tun würde. Viele Royals vor ihr hatten dies getan. In einer Status-Hochzeit steht viel auf dem Spiel. Es wurde gehofft, dass die zukünftige Königin ihre Pflicht sehen würde – ihre Ehre/Pflicht. Und es ist eine Ehre, in dieser Position zu sein, wo man einfach dadurch, dass man ein offenes und liebendes Herz aufrecht hält und seine verschiedenen Pflichten erfüllt, eine ganze Nation von Menschen stärken und unterstützen kann.

Lady Dianas Erb-Linie war jedoch aristokratisch, nicht königlich. Und sie war recht jung, als sie heiratete. Zuvor war sie der Darling ihrer Familie gewesen. Als ihre Zeit kam, ihren Stolz und ihr Glück zu opfern, um ihr königliches Versprechen zu halten, konnte sie sich nicht davon überzeugen, dass das Opfer es wert wäre. Sie ging mit ihren Beschwerden an die Öffentlichkeit und die Ehe wurde kurz darauf aufgelöst.

In einer Welt, in der Druck von Konventionen nicht ausreicht, um ein königliches Paar zusammenzuhalten, gibt es deutlich keinen wirklichen Druck aus der Gesellschaft, verheiratet zu bleiben. Selbst von den religiösen Autoritäten, die unsere Hochzeiten überwachen, erhalten wir nicht unbedingt schreckliche Warnungen, wenn wir unsere Ehen auflösen möchten.

Wäre unsere Gesellschaft ganz ehrlich hinsichtlich des vertragsmäßigen Charakters einer Ehe, könnte dies die Dinge für uns etwas aufklären. Wenn wir eine Ehe annehmen würden, wie wir es mit anderen geschäftlichen Verträgen tun, könnten wir die Vereinbarung mit einem größeren Verständnis der bindenden Pflichten erstellen.

Vielleicht würden wir ein einjähriges oder fünfjähriges, erneuerbares Versprechen abgeben, anstatt eine ganze Lebenszeit auf einmal zu versprechen. Vielleicht würden wir per Vertrag zustimmen, dass die Frau oder der Mann bezahlte Zeit zuhause haben würde, während sie oder er die Kinder großzieht. Und so weiter, ad infinitum, je nach den Bedürfnissen der Partner, die in einen Ehevertrag eintreten. Es bringt die Dinge nicht weiter, wenn wir, die heiraten, einen lebenslangen Vertrag eingehen und die „nuts and bolts"[35] dabei hinter Hochzeitschleiern und pastellbeflaggten Vogelsamen-Netzchen verhüllt sind.

Im Herzen aller religiösen Ehen gibt es jedoch ein echtes Geschenk: der eine unendliche Schöpfer. Wie die Q'uo-Gruppe sagt:

---

[35] Ein umgangssprachlicher Begriff aus den Amerikanischen, der eigentlich „Mutter und Bolzen" bedeutet. Übersetzt werden kann er mit „praxisbezogene Grundlagen".

*In jeder metaphysischen Vereinbarung gibt es eine dritte
Partei, die beide Wesen überschattet. Ihr mögt dieses Wesen
den Schöpfer nennen. Vielleicht wäre es am besten, wenn wir
es lebendige Liebe nennen würden. Jene, die nicht heiraten
und gemeinsam suchen, suchen allein nach dem Gesicht von
Liebe. Jene, die durch die Vereinbarung der Ehe suchen,
integrieren das, was sie suchen, in ihre eheliche Suche. Dies
gibt jenen, die die metaphysische Bedeutung von Ehe
begreifen und verstehen, eine Anmut und eine Zärtlichkeit, die
sonst nicht auf natürliche Weise kommen würden.*[36]

Aus meiner eigenen Erfahrung heraus sprechend, kann ich die
Tatsache bezeugen, dass die Stärkung des Körpers bei beiden fast
wunderhaft ist, wenn zwei Partner ihre spirituellen Wege mit ihren
weltlichen Leben miteinander verbinden. Seitdem ich zwölf war,
habe ich immer eine tägliches Morgenritual dargebracht. Als wir
1987 heirateten, begann Jim mit mir dabei mitzumachen. 2001
fügten wir eine tägliche Abendgebets-Zeit hinzu, die Gaia-
Meditation. Diese zwei Zeitphasen des Gebets, der Meditation und
Visualisierungen haben unsere Tage nun für Jahre wie Klammern
umschlossen und unserer täglichen Routine das Gefühl von
Heiligkeit verliehen, das wir beide uns wünschen.

Es gibt viele Auslöser, welche das Ende einer Ehe oder
Partnerschaft bedeuten können. Sexuelles Fehlverhalten und
emotionaler oder körperlicher Missbrauch stehen wahrscheinlich
ganz oben auf der Liste. Menschen sind nicht immer freundlich
zueinander. Vielleicht ist unser Partner in einer missbräuchlichen
Familie großgeworden. Er oder sie wird unterbewusst dazu neigen,
dieses Muster zu wiederholen. Vielleicht ist der Partner ein
Kneipengänger, der die zweifelhafte Bestätigung durch eine neue
Sexpartnerin braucht, um sich selbst gut zu fühlen.

Diese Muster von Überaktivierung und Vermeidung, Lust und
Eifersucht, werden ausgelöst. Einige wollen besessen werden.
Andere wollen besitzen. Wir bringen nicht immer beides passend
zusammen, wenn es darum geht, einen Partner auszuwählen. Es

---

kann so viele Möglichkeiten geben, wie die Dinge scheinbar auseinanderfallen können!

Wenn wir uns selbst an dem Punkt des Zweifelns darüber befinden, ob die Vereinbarung, die wir in einer Ehe getroffen haben, eine gute ist, ist der Q'uo-Ratschlag solide: Geht zurück zu eurem Hochzeitstag. Kehrt zurück zu dem Altarraum, wo wir unsere Schwüre abgelegt haben. Schaut auf den Altar und die heiligen Dinge darauf. Spürt die Gegenwart dieses einen Schöpfers, der mit uns in unsere Ehen kam, als wir unsere Versprechen abgaben. Und bittet diese anwesende Kraft um die Hilfe, die wir brauchen, um unseren Gelübden treu zu bleiben.

Als SPIELENDE wissen wir, dass wir ein göttliches Spiel angenommen haben, indem wir heirateten. Wir wissen, dass jede Wette, die wir auf dem SPIELBRETT eingehen, verdreifacht wird. Wenn wir uns gegenseitig unterstützen können, dann haben wir das Andere-Selbst, unser Selbst und den Schöpfer unterstützt.

Wenn wir uns gegenseitig annehmen können, schwappt die Kraft dieses Annehmens über in unsere Fähigkeit hinein, die Schönheit der ganzen Schöpfung anzunehmen. Das Potenzial für exzellente Auslöser und einen guten Begleiter, mit dem man mit diesen Auslösern arbeiten kann, ist großartig.

Die Schwierigkeiten und Herausforderungen von gelber Strahl-Beziehungen sind immer substanziell, selbst in den best-zusammenpassenden Paaren. Erinnern wir uns immer an diese dritte Partei im Ehevertrag: der Schöpfer. Wenn wir herausgefordert werden, finden wir uns gegenseitig wieder und kommen zurück in den heiligen Altarraum, wo die Vereinbarung geschlossen wurde, um Mitgefühl und Verständnis zu suchen, und um gemeinsam zu heilen.

Wir werden mehr über Ehe in *Living the Law of One – 102: The Outer Work*[37] sprechen, auf der Problemlösungs-Ebene von wahrgenommenen Problemen. Über Ehe, für diesen „Gib mir den Punkt"-Band, wichtig zu erinnern ist, dass es hinsichtlich unseres Abschließens von der Schule von Planet Erde zentral ist, sicher zu

---

[37] Diesen Band konnte Carla L. Rückert, die am 1. April 2015 verstarb, leider nicht mehr fertigstellen.

sein, dass Ehe und ihre Themen den Energiefluss durch unsere gelber Strahl-Energiezentren nicht blockiert haben. Beziehungen können funktionieren oder nicht. Das wirkt sich nicht negativ auf unsere Arbeit als spirituell Suchende aus. Unser erstes Interesse als SPIELENDE ist es, sicher zu sein, dass unsere Energiekörper frei von Einschnürung sind.

Gelber Strahl-Sexualität

Wenn wir von echtem Energieaustausch sprechen, müssen wir in Betracht ziehen, dass die Energie zwischen zwei Menschen einen sehr langen Weg zurückgelegt hat, beginnend mit der roter Strahl-Anziehung, die irgendwann sexuelle Zusammenkunft initiiert. Sie ist von Lust zu einer persönlichen Beziehung übergegangen, und dann oft in eine rechtliche Beziehung oder eine verpaarte Beziehung mit gegenseitigen Verpflichtungen. Und dann hat das Paar die Gelegenheit, den Schöpfer Selbst zu bitten, in die sexuelle Beziehung durch das offene Herz einzutreten.[38]

Wenn es um unser Sexleben in Paarbeziehungen geht, lastet Druck auf uns, den es in sexuellen oranger Strahl-Beziehungen nicht gibt. Wie ich sagte, werden alle Einsätze verdreifacht, wenn man heiratet. Gewinnen wir, gewinnen wir groß. Verlieren wir, verlieren wir groß. Der Ausdruck „du hast dein Bett gemacht: jetzt, leg dich rein" erschien mir immer ironisch in den Tagen meiner ersten Ehe und wieder während der Jahre meiner Verlobung, als ich bei mir dachte: ‚Ich kann die Verantwortung dafür übernehmen, in dem Bett zu liegen, das ich gemacht habe. Aber ich hätte nie gedacht, dass ich darin allein liegen würde.' Wir müssen uns der sehr realen Möglichkeit stellen, dass unser sexuelles Verlangen für unseren Partner schwinden mag. Oder unseres Partners sexuelles Verlangen nach uns mag nachlassen. In meiner ersten Ehe fiel mein Sexleben nach dem Hochzeitstag auseinander. Das sexuelle Interesse meines Ehemanns an mir

---

[38] Q'uo, gechannelt durch L/L Research am 25. März 2007.

verschwand auf Dauer. Er kam nur für die oberflächlichsten sexuellen Entladungen zu mir. Dieses Muster hielt in höchstem Maße an während meiner Verlobung mit Don. Als wir einmal verbunden waren, entschied Don sich für einen zölibatären Lebensstil. Ich musste mich dann entscheiden, ob ich das akzeptierte oder nicht. Auch wenn ich erst 25 war, als wir uns miteinander verbanden, akzeptierte ich dies, auf meine Weise. Für sieben aus den 16 Jahren lebte auch ich zölibatär. Die anderen neun Jahre lang entschied ich mich für einen Geliebten, dessen Motive rein und dessen Liebe für mich echt waren. Don stimmte dieser diskreten Arrangierung gerne zu, denn er begriff, dass ich einen Liebhaber brauchte, wohingegen er das nicht tat. Er wusste, wie sehr ich ihn verehrte. Ansonsten passten wir als Paar sehr gut zusammen.

Mit Jim McCartys und meiner Verpaarung wurde die Situation ganz anders. Sein sexuelles Interesse an mir hat all unsere Jahre hindurch nicht geschwankt, auch über meine verschiedenen Körpergewichte hinweg nicht, das von 110 Pfund, als er mich kennenlernte, hinunter zu 80, für einige Jahre während des Ra-Kontakts, ging, und dann schrittweise hoch zu 175 über die vielen nächsten Jahre, und seitdem hoch und runtergeht. Er liebt diese „Varietäten" von mir. Er sagt: „Manchmal bist du eine Nymphe. Manchmal bist du ein Cherub. Aber du bist immer du!" Gesegnet sei er!

Wenn die sexuelle Chemie hält, was sie verspricht, ist verheiratete Liebe die beste von allen. Als Paare lernen wir unsere gegenseitigen Körper und Vorlieben kennen. Wir können die besten Liebhaber der Welt für unsere Partner werden. Ich liebe diesen Prozess des Auffindens von immer weiter vereinigten und harmonisierten Wegen, um sexuelle Energie miteinander zu teilen oder, um es anders auszudrücken, um „Spielzeit" mit unseren Körpern und dem Schöpfer in den Feldern des Herrn zu verbringen.

Wenn wir heiraten, wissen wir nie, was mit unserem Sexleben passieren wird. Und in Bezug darauf, unsere Energiekörper auf reine und klare Weise fließend zu bewahren, können wir an kein bestimmtes Ergebnis angehaftet sein. Menschen müssen sich selbst gegenüber aufrichtig sein. Unsere Herausforderung in einer Ehe ist es, unsere Partner genau dafür zu lieben, wer sie sind. Ein starkes Hilfsmittel in ehelichen Beziehungen ist einfache Toleranz. Sexualität ist nie vollständig das Gleiche für zwei Menschen. Abhängig davon, was die ersten sexuellen Begegnungen von Menschen beinhaltet haben, mögen sie von einer breiten Ansammlung an unterschiedlichen Eigenschaften und Merkmalen erregt werden. Und unsere Partner benötigen uns, um diese Vorlieben akzeptierbar zu machen und aufrichtiger gegenüber sich selbst zu werden.

Es gibt schädliche sexuelle Muster innerhalb von eheähnlichen Beziehungen, die wir nicht zu akzeptieren brauchen, wie die Zufügung von Schmerzen. Sagen Sie einfach nein! Und verlassen Sie die Beziehung, falls der Missbrauch nicht endet, denn hierin liegen nicht nur für uns selbst Gefahren, sondern auch für unsere Kinder.

Aber wenn es um Marotten geht, die harmlos erscheinen, tun wir gut daran, uns dem Ehebett in einer flexiblen und annehmenden Haltung zu nähern. Diejenigen, die als vereintes Paar nach einem Weg suchen, auf sexuelle Weise zusammen zu sein, können einen Weg dafür finden. Halten wir daher an unserer Toleranz fest und erinnern wir uns an die wahre Zuneigung, die unserer Sexualität zugrunde liegt. Diese wahre Zuneigung ist „eine Größe für alle".[39]

Eine weitere Ressource, die sehr hilfreich ist, um uns in gelber Strahl-Sexualität klar zu halten, ist Geduld. Eine Ehe ist keine Testfahrt. Sie ist kein Urlaub. Sie ist die lange Strecke des Fernfahrers zwischen der Ost- und Westküste. Seien Sie daher bereit, gemeinsam zu leben und zu lernen. Rechnen Sie damit, dass die ersten zehn Jahre oder so eine schaukelige Kreuzfahrt werden.

Versuchen Sie es, wenn unsere Partner uns brauchen, um zu verstehen, dass sie Pornofilme, oder Seidenbänder, oder besondere Orte, um Liebe zu machen, mögen, die für uns nicht passend erscheinen mögen. Lassen Sie Ihre Bedenken ruhen, falls Sie können, und schauen wir stattdessen, was wir tun können, um den

---

[39] Damit versuchten wir „one-size-fits-all" zu übersetzen. Der exakte Begriff aus der Textilbranche lautet „Einheitsgröße".

individuellen Geschmäckern unserer Partner entgegenzukommen.
Für den Spaß und das Gelingen ihres Sexlebens hängen sie von uns
ab. Und es ist eine natürliche Funktion, nicht etwas, das man als
unwichtig abtun sollte oder dem man ausweichen müsste, weil es
krude wäre.

Wenn wir uns auf die Suche nach einem festen Partner machen, ist
es gut für uns als SPIELENDE, die roter Strahl-Anziehung und die
Liebesaffäre im gelben Strahl in Erinnerung zu rufen, welche der
Entscheidung zu heiraten vorangehen. Machen Sie sich Treffen
aus. Stecken Sie „Qualitäts-Zeit" einfach ins Zusammensein, selbst
wenn es teuer ist. Unsere Sexleben werden florieren, wenn wir
ihnen Zeit und Aufmerksamkeit geben.

Unsere Kultur erwartet von uns, dass wir „für immer" als Paare
vorangehen. Zunehmend fühlen wir uns dem nicht mehr
verpflichtet, zumindest nicht für eine ganze Lebenszeit. Und das ist
unser Verlust. Nachdem ich über Jahrzehnte die Vorzüge des
Hindurcharbeitens durch die Themen von Beziehungen erlebt
habe, kann ich sagen, dass die zwei schönsten Dinge in meinem
Leben die Erinnerungen und lebendigen Erfahrungen sind, die ich
durch das Zusammensein mit zwei großartigen Männern, Don
Elkins und Mick, mein Spitzname für Jim McCarty, gewonnen
habe. Q'uo kommentiert:

Schönheit aus der gelber Strahl-Energie heraus wird zu einem
wesentlich subtileren Ding mit reichhaltiger Textur, denn in
der gelber Strahl-Energie liegen die Paar-Beziehungen, und
innerhalb der Sicherheit und Intimität von solchen
fortgesetzten und langanhaltenden Beziehungen können jene,
die spirituell reif werden, ihr Konzept von Schönheit stark
erweitern und verfeinern. Die Eigenschaften eines Partners
können extrem unvollkommen sein, und doch, über eine
gewisse Zeit und der Unterstützung von sich immer weiter
verlängernder, gemeinsamer Geschichte, werden die Wesen
innerhalb einer Paarbeziehung so mit der Patina von Lieben
und Geliebt-Werden überzogen, dass selbst das unattraktivste
Wesen vollkommen sich selbst wird und deshalb schön, weil
sie diese Person ist. Und schließlich wird das bleierne und
schwere Gewicht von körperlicher Meinung über Schönheit zu

etwas, das wie ein Drache im Wind abheben und mit der Energie des Windes von Liebe aufsteigen kann.[40]

Die gelber Strahl-Umwelt

Der gelber Strahl-Körper ist euer physischer Körper, den ihr zu diesem Zeitpunkt kennt und in dem ihr Katalyst erlebt. Dieser Körper hat die Geist/Körper/Seele-Eigenschaften und ist gleichwertig mit der physischen Illusion, wie ihr sie genannt habt.[41]

Unsere roter Strahl-Chakren korrespondieren mit den Elementen, die einen Körperkomplex haben. Unsere oranger Strahl-Chakren korrespondieren mit der Welt der Natur, in der vor allem Tiere einen Geist/Körper-Komplex haben. Unsere gelber Strahl-Chakren korrespondieren mit uns in unseren Alltagsleben. Wir Menschen haben einen Geist/Körper/Seele-Komplex.

Der gelbe Strahl ist das Chakra unseres Menschseins. Er ist mehr als unsere Körper. Es ist das „Ich", das diese Worte liest. Unser Erbe, am Eingang in 3D hinein, ist ein Großaffen-Körper, mit seinen Instinkten und seiner Mentalität. In der dritten Dichte hoffen wir darauf, mehr als ein Tier zu werden. Wir hoffen darauf, den spirituellen Teil unseres Geist/Körper/Seele-Komplexes zu entdecken und zu entwickeln.

Zumindest ein begrenztes Verständnis von moralischen und ethischen Fragen ist ein Element des psychologischen Make-Ups jeder geistig gesunden Person. Dewey B. Larson, dessen „Reziprokes System der Physik" so gut mit der Bündnis der Planeten-Philosophie zusammenpasst, nennt Menschen in seinem Buch *Beyond Space and Time*[42] „ethische, biologische Einheiten". Mensch zu sein bedeutet ein Gewissen zu haben, zu wissen, dass

---

[40] Q'uo, gechannelt durch L/L Research am 28. Juni 2002.
[41] Ra, gechannelt durch L/L Research am 8. April 1981.
[42] Auf Deutsch würde der Titel "Jenseits von Raum und Zeit" lauten. Im Original wurde dieses Buch 1995 von North Pacific Publishers veröffentlicht.

die Dinge nicht immer schwarz und weiß sind, und zu wünschen, dass wir uns über den jetzigen Stand hinaus weiterentwickeln, auch wenn wir weiterhin im Graubereich leben.

Wir Menschen sehnen uns nach etwas; ein Sehnen, das so stark ist, dass es in jeder Gesellschaft auf Erde zum Ausdruck gekommen ist. Es ist unser Sehnen danach, den Schöpfer zu erkennen und zu verehren, und das zu ehren, was heilig ist. Der wahre menschliche Zustand ist einer der „göttlichen Unzufriedenheit", wie Jose Ortega Y Gasset sagte.[43]

Mit diesem Sehnen kommt ein Wunsch mit, zu wissen, was richtig und falsch ist. Was macht Dinge „richtig"? Was macht sie falsch? Wir verlangen von Natur aus nach richtigem Verhalten. Fragen der Polarität sind nicht einfach etwas, von dem das Bündnis der Planeten denkt, dass sie wichtig sind. Psychologische Studien werden uns sagen, dass sie in unser menschliches Wesen eingebaut sind. Es ist wichtig, je mehr wir unsere gelber Strahl-Themen in den Griff bekommen, dass wir uns selbst als in Gänze menschlich sehen und dass wir unsere Menschlichkeit in Bezug darauf definieren, welchen Hunger wir für einen Weg entwickeln, um in Glaube und Vertrauen zu leben und unsere Willen zu verwenden, um ethisch gute Entscheidungen zu treffen.

Der gelbe Strahl ist das letzte Zentrum unserer Energiekörper, durch das sich die unendliche Liebe/Licht-Energie des Schöpfers bewegt – oder blockiert wird – bevor sie das Herz-Chakra erreicht. Es arbeitet mit den zentralsten Beziehungen in unseren Leben. Der gelbe Strahl ist ein Zentrum tiefer Kraft, das Gateway zum Herz-Chakra. Es ist für uns als SPIELENDE wichtig, unsere gelber Strahl-Themen zu erkennen, wenn sie aufkommen, und unsere Energiekörper klar zu halten, während wir uns durch die Gefühle und Gedanken bewegen, die sie produzieren.

In seiner Erscheinung hat das gelber Strahl-Energiezentrum eine runde, sternförmige Form, wobei sich viele Facetten oder

---

[43] Das ganze Zitat lautet: „Die Essenz des Menschen ist Unzufriedenheit, göttliche Unzufriedenheit; eine Art Liebe ohne einen Geliebten, der Schmerz, den wir hinsichtlich eines Mitglieds fühlen, das wir nicht mehr haben."

„Blütenblätter" entwickeln, während wir dieses Zentrum klären und ausgleichen. Ich mag es, daran zu denken, dass ich eine goldene Blumenblüte in meinem Bauch habe!

Da jede Dichte, nach dem Bündnis, aus der gegenwärtigen Dichte plus Spuren der kommenden Dichte besteht, hängen Hinweise auf die grüner Strahl-Dichte vor dritte Dichte-SPIELENDEN hinab wie verlockende Karotten für Pferde. Die strahlenden und überaus zuneigungsvollen Energien von positiver vierter Dichte sollen uns weiter voran locken, um bedingungslose Liebe zu suchen.

Tatsächlich können wir diese Lektionen von Liebe in einigen Momenten zu schwierig finden, um sich ihnen zu stellen. Wir ziehen den Schwanz und Kopf ein, zurück in das bekannte Territorium von zweiter Dichte. In unseren, mutmaßlich, dritte Dichte-Gesellschaften sind wir Menschen immer wieder der alten, bekannten Verlockung von territorialer zweite Dichte-Gewalt erlegen. Im Denken vieler Staatsoberhäupter, von Cäsaren über andere Herrscher bis heute, hat es einen großen Antrieb aggressiven Ehrgeizes gegeben. Anstatt damit zufrieden zu sein, unser lokales Territorium vor Invasion zu beschützen, haben viele Führungsfiguren sich dazu entschieden, große Gebiete der ganzen Welt zu erobern. Sowohl in Nationalstaaten als auch in multinationalen Unternehmen hat gewaltvolle Aggression wiederholt über zivilisierte Kooperation und Höflichkeit gewonnen.

Als SPIELENDE können wir es uns nicht leisten, solche Entscheidungen auf der persönlichen Ebene zu treffen. Wir können nicht vergessen, dass wir alle eins sind. Wir müssen uns daran erinnern, dass wir unseren eigenen Körpern schaden, wenn wir dem Körper eines Anderen schaden.

Wenn wir die politischen Entschuldigungen für Krieg wieder hören, oder wenn wir im Verkehr von einem rüden Fahrer geschnitten werden, müssen wir uns an die Wahrheit von bedingungsloser Liebe erinnern. Nein, es ist keine korrekte Lösung, Andere zu töten, außer wenn wir unser Zuhause und unsere Familien gegen Gewalt verteidigen. Nein, es ist keine korrekte Lösung, grobem Verhalten von Anderen mit Zorn zu begegnen. Wir sind auf der Erde, um in diesem Moment die Liebe zu finden. Unsere allgemeine menschliche Neigung ist es, die Welt in „uns" und „sie" einzuteilen. Es ist viel einfacher, Menschen auszuschließen, die „nicht wie wir" sind, als die Gemeinsamkeiten zwischen uns und anderen Menschen zu finden, deren Wege nicht wie unsere, oder uns vertraut, sind. Ein besonders trennender, menschlicher Wesenszug ist es, rassistische, religiöse und ethnische Vorurteile gegenüber verschiedenen dieser Gruppen hier auf Planet Erde zu haben.

Das Bündnis sagt, dass tatsächlich jedes Menschengeschlecht anders ist. Aber der Unterschied liegt nicht in Hautfarbe oder Seelen-Wert. Er liegt in den Eigenschaften und Struktur unseres jeweiligen archetypischen Denkens. Da wir alle, hinsichtlich der DNA, von woanders herkamen oder lange in der Vergangenheit von Außerirdischen genetisch manipuliert wurden, sind unsere Erd-Archetypen etwas überdeckt von den archetypischen Denkweisen unserer Herkunftsplaneten.

Diese kulturelle Diversität ist eine reichhaltige und aufregende Mischung aus verschiedenen Arten, unsere Körper, unsere Denkweisen, unsere uns umgebende Kultur und uns gegenseitig zu verstehen und zu schätzen. Wir haben alle viele Leben in diesen verschiedenen genetisch kodierten Körpern verbracht und die Schätze jedes archetypischen Systems gelernt. Möglicherweise, da wir alle alte Seelen hier geworden sind, können wir extrem tolerant hinsichtlich der gegenseitig wahrgenommenen Unterschiede werden.

Es ist schade, dass der Drang zu zweite Dichte-Verhalten noch so stark in uns ist. Vorurteile sind stark und verbreitet hier in den letzten Tagen unserer dritten Dichte. Wir müssen diese Gedanken aus unserem Denken herauswaschen, wenn wir sie dort lauernd vorfinden.

Das wird jede „Unze" unserer Leidenschaft und Entschlossenheit, die wir in uns haben, benötigen. Vorurteile sind Gelegenheitsdiebe. Falls wir sie hereinlassen, werden sie uns unserer Hoffnung berauben, mehr zu werden, als wir jetzt sind. Sie werden unsere gelber Strahl-Chakren so eng verschließen, wie eine Trommel. Und unsere Herzen werden dann verschlossen bleiben.

Wenn wir über Themen hinsichtlich Vorurteile nachdenken, denken wir an dramatische Bewegungen wie das Ende der Rassentrennung in unseren Schulen oder die Gesetze, die geschaffen wurden, um Fairness in Anstellungspraktiken sicherzustellen. Aber für die Durchschnittsperson liegen die Vorurteile in den kleinen Dingen. Sie liegen darin, mit welchen Menschen wir unseren Kindern erlauben sich zu befreunden, und mit welchen nicht. Sie liegen darin, eine Person mit einem Respekttitel anzusprechen und eine andere Person des gleichen Alters, aber einer anderen Hautfarbe, mit ihrem Vornamen.

Wir als SPIELENDE müssen nach solchem Unfug in unseren eigenen Gedanken und Verhaltensweisen Ausschau halten, damit wir über sie nachdenken können und nach einer Art und Weise suchen können, wie wir mit ihnen umgehen. Das Gebet „Ich bin ein menschliches Wesen. Hilf mir zu werden." ist ein gutes, um es für unsere eigenen, inneren Momente bei der Hand zu haben, in denen wir Vorurteile in uns selbst sehen.

Gelber Strahl-Heilung

> *Die eine, große Schwierigkeit beim Versuch, gelber Strahl-Energietransfer anzubieten, ist, dass dieser Vorgang für gelben Strahl nicht ursprünglich ist.*[44]

Ein gelber Strahl-Thema, das zuerst rätselhaft erscheint, ist Heilung. Viele Menschen betrachten sich selbst als Heilende. Heilende hatten immer einen ehrwürdigen Platz in der Geschichte der Spiritualität inne. Da gibt es Elia im Alten Testament, der seinen Körper auf den sterbenden Körper eines Jungen legte und ihn mit drei Atemzügen zurück zum Leben brachte. Da gibt es Jesus und die Apostel im Neuen Testament, die die Kranken heilten und sogar die Toten zurückbrachten. Einige Menschen

---

[44] Ra, gechannelt durch L/L Research am 12. August 1981.

wurden immer schon mit dem natürlichen Talent des Heilens in ihren Händen geboren.

Es gibt jedoch zwei Arten von Energieheilung: gelber Strahl-Heilung, welche das Aufzwingen des Willens des Heilenden auf den Patienten ist, und grüner Strahl-Heilung, die ein Energieaustausch auf der Ebene des offenen Herzens ist.

Die gelber Strahl-Art von Heilung ist kein Energieaustausch. Der Wille des Heilenden drückt heilende Energie in den Energiekörper des Patienten hinein. Es ist die typische Art von Energie-„Austausch" für die ersten drei Chakren. Es ist überhaupt kein Austausch. Eine Person gibt und die andere empfängt.

Darum kann eine Person uns die „Hände auflegen" und uns dazu bringen, dass wir uns eine Weile lang besser fühlen. Dann lässt die Heilungsenergie nach, und wir sind zurück bei unserem alten Gesundheitszustand. In und aus sich selbst ist gelber Strahl-Heilung eine gute Sache, normalerweise. Typischerweise gibt es darin keine bösartige oder Dienst-am-Selbst-Energie in solchen Heilungsbemühungen. Lediglich die Begrenzung existiert hinsichtlich, wie weit solches Heilen gehen kann, ohne dass das Herz geöffnet wird und ohne dass eine heilige Vision des Energieaustausch von wahrer Heilung die Intention des Heilenden informiert.

Wenn eine Person mit natürlichen heilenden Fähigkeiten sich dafür entscheidet, ihren Heilungskanal zu entwickeln, wird sie nur erfolgreich sein, wenn sie ihr Herz öffnet und nicht vorher. Der übliche Vorgang, um eine heilende Person mit offenem Herzen zu werden, liegt darin, das Selbst mit solch vollem Mitgefühl zu sehen, dass es möglich ist, das Selbst zu heilen. Wenn das Selbst geheilt wurde, kann die heilende Person im grünen Strahl mit Mitgefühl auf ihre Patientinnen und Patienten schauen, und ihnen eine Umgebung anbieten, innerhalb der sie eine andere Ausrichtung in ihren Energiekörpern wählen können. Die zu heilenden Personen entscheiden durch freien Willen, ob sie diese Veränderung in den Gleichgewichten des Chakra-Körpers annehmen oder nicht.

Negative Polarität und gelber Strahl

> *Der negative Weg, wie ihr ihn nennen würdet, verwendet eine*
> *Kombination des gelben Strahls und des orangen Strahls in seinen*
> *Polarisierungsmustern. Diese Strahlen, wenn sie auf eine*
> *entschiedene Weise verwendet werden, werden einen Kontakt mit*
> *intelligenter Unendlichkeit hervorbringen.*[45]

Das Bündnis legt nahe, dass falls wir den Abschluss in die vierte
Dichte in negativer Polarität machen wollen, unser Hauptjob darin
besteht, die unteren drei Chakren mit einem erbitterten und
rücksichtslosen Willen zu entwickeln. Da wir von den Leserinnen
und Lesern dieses Buches annehmen, dass sie sich zum positiven
Weg des Dienstes an Anderen polarisieren, besteht kein Bedarf
daran, die Verwendung des gelben Strahls innerhalb der negativen
Polarisierung zu vertiefen, außer Ihnen zu sagen, dass sie eine
negativ polarisierte Person oft daran erkennen können, wie gut sie
alles in der Hand hat. Wir positiv polarisierenden Seelen schätzen
und verlassen uns auf Gefühle und Emotionen. Wir schätzen
Menschen mehr als Projekte, und stellen Mitgefühl über einen
streng eingehaltenen Plan. Wir sind manchmal ein wenig
unaufgeräumt.

Eine negativ polarisierende Person ist üblicherweise recht reinlich.
Sie will ihr eigenes Aussehen, ihre Emotionen und Gefühle
kontrollieren, damit sie frei ist, sich darauf zu konzentrieren, jede
Situation zu ihrem eigenen Nutzen zu manipulieren. Sie sieht ihr
Äußeres und ihre Erscheinung als verfügbare Mittel an, die sie in
dieser Manipulation von Gefühlen anderer Menschen hinsichtlich
Ereignisse und ihrer Wahrnehmung verwendet.

Die Sache, die es über diese Polarisierung zu Dienst-am-Selbst
anzumerken gibt, ist, dass sie auf Willen beruht, anstatt auf Glaube
und Vertrauen, auf Angst statt Liebe. Sie beruht auf der
Verwendung des freien Willens für das Selbst. Und sie beruht
darauf, in Anderen Angst zu erregen und damit zu spielen.
Zusammen mit dem roten, orangen und gelben Chakra wird die

---

[45] Ra, gechannelt durch L/L Research am 27. Februar 1981.

negativ polarisierende Seele den blauen und den Indigo-Strahl, das Kommunikations-Energiezentrum, das sich am Kehlkopf befindet, und das „Arbeit-in-Bewusstsein"-Augenbrauen-Chakra, einsetzen, um den Abschluss zu machen. Sie wird das Herz-Chakra völlig auslassen.

Der negative Pfad von Polarität ist in der Tat ein schwieriger Weg, da er Liebe nicht verwendet oder überhaupt die Macht von Liebe anerkennt. Da die ganze Schöpfung aus Liebe gemacht ist, wird der Weg der negativen Polarität richtigerweise „der Weg dessen, was nicht ist" genannt. Wie wir bereits angemerkt haben, sagt das Bündnis, dass sich dieser negative Weg der Polarisierung in der mittleren sechsten Dichte totläuft. Alles in allem ist der positive Weg von Polarisierung der kürzere sowie auch der entzückendere und wahrere Weg.

Falls wir uns selbst dabei beobachten, wie wir übermäßig damit besorgt sind, alles in unserem Leben unter Kontrolle und in Ordnung zu bringen, ist es eine gute Idee, innezuhalten und diese Einstellung auf ihre zugrundliegende negative Polarität hin zu untersuchen. Manchmal müssen wir Dinge sein lassen und Dinge loslassen. Für eine positiv polarisierende Person ist es wesentlich besser, sich auszudrücken und die Gefühle fließen zu lassen, und vielleicht ein wenig hintendran zu sein mit Details, als total organisiert zu sein und negative Gefühle über jene um sich herum zu empfinden. Lassen wir ein paar Dinge vom Wagen fallen und riechen wir an den Rosen!

Für diejenigen der positiven Orientierung ist dies eine „Wir"-Welt und wir fließen mit jenen um uns herum, und schließen sie mit ein in unsere kleine Welt. Für diejenigen der negativen Orientierung ist es eine „Ich"-Welt, die sich gänzlich um uns und unsere Anliegen dreht. Positive SPIELENDE werden einen festen Griff auf eine „Wir"-Orientierung behalten wollen, während sie sich durch den Tag bewegen.

Vorausspringen

Die Strukturen der Illusion, die Beziehungen, die Familien, die Freundschaften in Gruppen sind ein elegantes und eloquentes Design, um zu lernen. In jede Beziehung ist eine große Menge an vor-inkarnativem Denken eingeflossen. Ihr könnt jede Beziehung als eine sorgfältig vorbereitete Lektion im Geben und Empfangen von Liebe sehen. Und es ist gut, sich immer wieder mit diesen Energien der unteren Chakren zu verbinden, während man innerhalb klarer Kommunikation, dem Lesen von Materialien und all der Arbeit in Bewusstsein arbeitet, die für diejenigen, die nach Weisheit streben, und nicht nach Liebe, so reizvoll ist.[46]

Im Abschließen unserer Besprechung der Sichtweise des Bündnisses auf die unteren drei Chakren, blicken wir auf die sehr häufige Stolperfalle im Prozess von spirituell Suchenden: den fast unwiderstehlichen Drang, vorauszuspringen. Blicken wir der Sache ins Gesicht: Es macht mehr Spaß, die blauer Strahl-Arbeit der Kommunikation und die Indigo-Strahl-Arbeit des Tagebuch-Führens, des Studiums der eigenen Träume, der Kontemplation, des Lesens inspirierender Bücher, des Meditierens und all der anderen Werkzeuge und Hilfsmittel des Indigo-Strahls zu tun, als unsere Energiekörper nach Blockaden in unteren Strahlen zu untersuchen.

Es mag mehr Spaß machen, aber es nützt SPIELENDEN weniger. Falls wir uns auf die höheren Chakren konzentrieren, ohne all unsere Energiezentren klar zu halten, richten wir uns selbst auf eine harte Zeit ein. Solche Höhere-Chakra-Arbeit benötigt volle Kraft durch das Herz-Chakra, damit wir unseren physischen und unseren emotionalen Körper nicht dadurch auslaugen, dass wir diese Arbeit tun. Und daher ist es gut, das tägliche Chakra-Klären als Hausarbeit in unserem heiligen inneren Zuhause zu sehen – dem Tempel unserer Bewusstheit und unserer Energiekörper.

Wir können uns unsere Energiekörper als Häuser mit zwei Stockwerken sehen. Auf der ersten Etage liegen die unteren drei Chakren und all die Themen, welche sie umfassen. Vielleicht können wir uns das roter Strahl-Zimmer als das Bett und das Bad vorstellen, das oranger Strahl-Zimmer als die Küche und das

---

[46] Q'uo, gechannelt durch L/L Research am 11. Februar 2001.

Esszimmer, und den gelber Strahl-Raum als das Wohn- und Arbeitszimmer. In den vorangegangenen Kapiteln dieses Buches haben wir die Themen der unteren Chakren, wie Sexualität, Überleben, persönliche Beziehungen und formalisierte Beziehungen besprochen. Wir alle möchten uns von diesen, etwas weltlich erscheinenden, „Räumen" vorwärtsbewegen und die Treppe zu diesen „oberen Räumen" hinaufsteigen, des Herz-Chakras, des Kehlkopf-Chakras und des Stirn-Chakras.

Doch wir können die Treppe nicht sicheren Schrittes hinaufsteigen, bis wir unsere Zimmer der ersten Etage, des Wurzel-, des Bauch-und des Solarplexus-Chakras aufgeräumt haben. Wie räumen wir unsere Emotionen auf? Wir setzen uns abends mit ihnen zusammen, wenn wir einige Minuten für uns allein haben. Wir erinnern uns an die Gedanken und Gefühle, die wir heute hatten. Wir verwenden unsere analytischen Fähigkeiten, um diese Gedanken und Gefühle zu überprüfen. Wir finden die Gedanken auf, über die wir steckengeblieben sind.

Dann schauen wir uns diese Gedanken an. Sind diese „feststeckenden" Gedanken Teil dessen, was die Buddhisten den „alten Geist" nennen? Sind diese Auslösepunkte, die uns gefangen und festgesetzt haben, seit der Kindheit unsere Begleiter? Falls ja, müssen wir diese Auslösepunkte ein für alle Mal freilassen. Wir lassen diese Auslösepunkte frei, indem wir den Menschen vergeben, die diese Auslösepunkte in unseren Erinnerungen erzeugt haben, und indem wir uns selbst dafür vergeben, dass in uns etwas ausgelöst wurde.

Hier ist eine Möglichkeit, wie man darüber denken kann: Sagen wir, dass der ursprüngliche, auslösende Moment, als ein tiefer Schmerz entstand, der in uns kristallisierte, wie ein Bettlaken ist, das schmutzig und voller Falten geworden ist. Wir behalten eine Erinnerung, eine Fotokopie, davon, wie es ausgesehen hat, verschmutzt und verknittert, in diesem traumatischen Moment.

Würde es nun tatsächlich ein Bettlaken sein, wäre es gewaschen, getrocknet, aufgeschüttelt, gefaltet und so gut wie neu zurückgelegt worden. Und wir haben uns in unserem bewussten Denken durch dieses Trauma in der Vergangenheit hindurchgearbeitet, sodass scheinbar alles gut ist. Doch unsere

Erinnerungen mögen die Fotokopie dieses lang-vergangenen Moments behalten und die Tatsache vergessen, dass wir dieses Erinnerungs-„Laken" vor langer Zeit gewaschen und weggeräumt haben.

Achten wir SPIELENDE dann darauf, wenn wir eine Erinnerung aus der Vergangenheit an die Oberfläche kommen sehen. Erkennen wir, dass es eine Kopie ist, die nicht mehr wahr ist. Denn die Zeit ist vergangen. Wir sind jetzt anders, sehr sogar, als wir damals waren. Und wir müssen vergeben und weitermachen.

Fokussieren wir uns hinein in diese Emotion, die toxisch und schmerzhaft erscheint. Sagen wir, es war ein ungeduldiger Gedanke. Ermöglichen Sie der Erfahrung dieser Ungeduld, sich durch Sie hindurch zu waschen. Verstärken Sie es. Lassen Sie es abebben, und warten Sie auf die spirituelle Gegenreaktion, welche in diesem Fall Geduld ist. Denn in einem sich vereinigenden Universum gibt es immer eine ausgleichende Energie, die Situationen ganz macht.

Erlauben Sie dieser ausgleichenden Dynamik der Geduld, sich zu verstärken, bis sie so stark in unserem Geist ist, wie es die Ungeduld war. Untersuchen Sie den Gedanken oder die Erinnerung nun von neuem. Sind Sie jetzt im Gleichgewicht? Haben Sie jetzt die volle Dynamik von Geduld/Ungeduld gesehen?

Wenn Sie Ihre Arbeit mit alten Erinnerungen getan haben, lassen Sie sie gehen. Behalten Sie die Weisheit und sehen Sie den Nutzen und die Segnung dieser alten Erfahrung, aber ernten Sie die Liebe in diesem Moment und seine gesammelte Erfahrung, und wie Robbie Robertson sagte: „Pusten Sie den Rest weg." Falls Sie möchten, können Sie die Erinnerung, die Sie loslassen möchten, auf Papier aufschreiben und es dann verbrennen. Das gibt ein gutes Gefühl des Abschließens.

Haustiere, Geister und gelber Strahl

Für die zweite Dichte bedeutet das anfängliche Verständnis von gelbem Strahl auszudrücken, ausreichend individualisiert zu werden, damit das Wesen diese Qualität geben und empfangen kann, die als Liebe bekannt ist. Ein Hauptbeispiel dafür sind eure Haustiere, an denen sich viele innerhalb eurer Kultur erfreuen, wobei jedes Haustier durch das liebevolle Kümmern des dritte Dichte-Wesens individualisierter wird.[47]

Viele von uns haben Haustiere. Es ist eine der weniger bekannten Funktionen unserer Reise durch gelber Strahl-Leben, dass wir (in) unsere Haustiere „investieren" können. Die Bündnis-Informationen legen nahe, dass wir unsere Haustiere durch unsere Liebe und Zuneigung für sie „investieren", und dadurch ihre Seelen-Komplexe erweckt werden. Irgendwann sind sie bereit, nach ihrem Tod, nicht als Tiere zu re-inkarnieren, sondern als Babys in der dritten Dichte.

An unseren Haustieren können wir auch die Nachteile von solcher Investierung sehen, weil unsere Tiere dann den emotionalen Komplexitäten von dritter Dichte ausgesetzt werden. Haustiere können eifersüchtig und wütend werden. Sie können Neurosen genau wie Menschen entwickeln.

Das Bündnis schlägt vor, dass nicht nur Tiere, sondern auch alte Bäume und Plätze oder Bereiche, die als besonders oder heilig wahrgenommen werden, lebendig und bewusst werden können, wenn viel Liebe auf sie ausgeschüttet wird.

Ein weiterer Aspekt von gelber Strahl-Leben, der selten gut erklärt wird, ist das Phänomen der Geister. Geister sind ein Artefakt des Todes-Prozesses. Es ist selten, dass dies passiert, aber es kann passieren, dass eine Person, deren Willen sehr stark auf die Lebenserfahrung konzentriert ist, den gelber Strahl-Körper nicht vollständig verlassen und sich in den Abschluss-Vorgang hinein weiterbewegen kann. Die Seele selbst geht weiter, aber die Persönlichkeits-Hülle, einer unserer „Körper" des gelber Strahl-Lebens, ist innerhalb dieser Dichte gefangen. Es kann aufgrund eines plötzlichen Todes passieren. Noch öfter passiert es, weil die Person völlig auf einen Aspekt ihres Lebens fixiert ist und ihn nicht gehen lassen kann.

---

[47] Q'uo, gechannelt von L/L Research am 18. Februar 1996.

Solche Persönlichkeits-Schalen können von jemandem gerettet werden, der keine Angst davor hat, mit ihnen zu sprechen. Einmal bin ich in eine neue Wohnung gezogen. In der ersten Nacht, die ich dort verbrachte, schlief ich zuerst ein, und dann gab es plötzlich eine Erscheinung über meinem Bett, in der Luft schwebend. Es sah aus wie eine ältere Frau. Sie stand unter Stress und war hysterisch. In mir wuchs die Entschlossenheit, herauszufinden, was ihre Geschichte war.

Ich erfuhr, dass diese Dame in meiner Wohnung bis zu ihrem Tod gelebt hatte. Die Nachbarn sagten, dass sie einen Sohn hatte. Er war hinterhältig und als er älter wurde, wurde er in Kleinverbrechen wie Laden- und Autodiebstahl verwickelt. Zur Zeit ihres Todes war sie über die Maße hinaus besorgt um ihn. Die Nachbarn berichteten, dass er für diese Straftaten Zeit im Jugendgefängnis abgesessen hatte, aber nun rehabilitiert wäre und er sich gut entwickeln würde.

Ich wartete, in dieser Nacht, bis ich in dem Zustand zwischen wach und schlafend war, wissend, dass Geister sich zu dieser Zeit am liebsten bemerkbar machen. Als sie erschien, sprach ich mit ihr und erzählte ihr all die Neuigkeiten, die ich erfahren hatte, und versicherte ihr, dass es ihrem Sohn gut ginge. Ich glaube, es hat funktioniert, da ich sie nie wieder „sah", und ich habe die nächsten zwölf Jahre lang in dieser Wohnung gelebt.

Um es zusammenzufassen: Roter, oranger und gelber Strahl sind das Unterstützungs-Dreibein für unsere Arbeit als SPIELENDE. Nun wissen wir, wie wir diese drei Zentren in einem Zustand halten können, in dem sie uns gut unterstützen können. Klären Sie sie, klären Sie sie und klären Sie sie nochmals!

Als nächstes kommt unsere Besprechung des zentralen Energiezentrums: dem grünen Strahl, das Herz-Chakra. Für positiv polarisierende SPIELENDE ist das Öffnen unserer Herzen die zentrale spirituelle Arbeit unserer Existenz hier auf Erden. Sie bewegt uns, endlich, vorwärts, von den Schwingungs-Charakteristiken von Großaffen, die intelligent sind, zu den Schwingungen von spirituellen Wesen, die zufällig gerade menschliche Körper tragen.

Im dritten Teil von „Die Wahl" spricht Carla Rückert über die weiteren Chakren unseres Energiekörpers und wie wir diese auf dem spirituellen Weg nutzen können.

Weitere Informationen

Der *Das Gesetz des Einen*-Verlag (Deutschland) veröffentlicht in Kooperation mit L/L Research zahlreiche Titel aus der Bibliothek der Non-Profit-Channeling-Gruppe in Louisville (Kentucky). Unter der französischen Verlagsbezeichnung „Maison d'édition *La Loi Une*" werden auch die französischen Übersetzungen von Micheline Deschreider betreut.

Besonders der Ra-Kontakt steht in der inzwischen 60-jährigen Arbeit von L/L Research hervor, in dem Carla L. Rückert in einem tieferen Trance-Zustand die Antworten der Wesen von Ra auf die Fragen von Don Elkins telepathisch empfing.

Veröffentlichungen (u.a.)

***Das Gesetz des Einen leben, Das 1x1: Die Wahl* (Teil I)**

Softcover: ISBN 978-3-945871-07-2

Kindle E-Book: ASIN B06XJSNDJ1

***Das Gesetz des Einen leben, Das 1x1: Die Wahl* (Teil III)**

Softcover: ISBN 978-3-945871-29-4

Kindle E-Book: ASIN B07MGPGJTS

Der Ra-Kontakt: Das Gesetz des Einen lehren

Gesamtausgabe (Sitzungen 1-106)

Softcover: ISBN 978-3-945871-35-5

Band I (Sitzungen 1-56)

Softcover: ISBN 978-3-945871-38-6

Kindle E-Book: ASIN B078V8NJ5X

Band II (Sitzungen 57-106)

Softcover-Ausgabe: ISBN 978-3-945871-40-9

Kindle E-Book: ASIN B078VK85F4

www.ingramcontent.com/pod-product-compliance
Lightning Source LLC
Chambersburg PA
CBHW071817020426
42331CB00007B/1516